SPEECH·LANGUAGE·COMMUNICATION

SPEECH·LANGUAGE·COMMUNICATION·

말의 심리

Psychology of Language

박소진 지음

생각을 담는 그릇

말의 심리

MIXCOFFEE

안녕, GPT?

수개월 전 우연히 유튜브에서 'ChatGPT(챗GPT) 시작하기' 영상을 보았다. 영상에서 알려주는 순서에 따라 시작해보았다. 기계 음성이라는 걸 알면서도 기왕이면 남성의 음성 중에 중저음을 선택하고 말을 걸었다. 그때의 느낌은 '와, 이게 된다고?'였다.

밤 10시쯤이었을까. 반려견 '모모'는 GPT라는 신기술에 들뜬 나를 시큰둥한 표정으로 바라보았다. 남성의 목소리는 30대 후반에서 40대 초반쯤으로 들렸고, 매너 있고 사려 깊은 느낌을 주었다. 나는 궁금한 것이 생길 때마다 ChatGPT에 질문했고, 여러 주제로 대화를 나눌 수 있었다. 필요한 정보를 얻는 것은 물론이고 최근에는 훨씬 더 다양한 방식으로 도움을 받고 있다.

GPT에서 'G'는 Generative(생성하는 만드는)를, 'P'는 Pre-trained(사전 학습한), 'T'는 Transformer(트랜스포머)를 의미한다. 트

랜스포머는 딥러닝 모델 중 하나로, 주어진 문장을 보고 다음 단어로 무엇이 올지를 확률적으로 예측한다. 쉽게 말해 엄청나게 많은 단어(약 3천억 개)와 문서(약 5조 개)를 사전 학습해서 무언가를 만들어내고, 이를 통해 주어진 문장을 보고 최적의 단어를 예측하는 인공지능이다.

물론 모든 정보가 정확한 것은 아니므로 주의해야 한다. 예를 들어 '된장찌개 만드는 방법'을 물었는데 '된장찌개를 만들 때는 닭고기나 생선이 필요하다'와 같이 정확하지 않은 내용이 포함될 수 있다. 이를 할루시네이션(hallucination)이라고 한다. 할루시네이션은 환상, 환각, 망상 등을 의미한다. GPT에서는 '거짓말'을 뜻한다. 실재하지 않는 것을 아주 그럴싸하게 '있는 것처럼' 만들어내기 때문에 이렇게 표현하는 것이다.

AI는 방대한 데이터 학습과 확률적 예측을 기반으로 작동한다. 따라서 학습하지 않았거나 모호한 주제에 대해 그럴듯한 오답을 만들어낼 수 있으며, 이러한 할루시네이션의 발생 비율은 약 15~20%에 이른다.[1] 기본적인 배경지식이 없으면 오류를 판단하기 어렵고, 그 결과 잘못된 정보를 습득할 위험이 있다. 때문에 GPT가 하는 말을 그대로 믿어서는 안 된다.

그럼에도 불구하고 자유로운 대화가 가능하다는 점은 혁신적

---

[1] 박태웅 (2023), 『박태웅의 AI 강의』, 한빛비즈

이다. 인간과도 대화하기가 어려운데 AI와 대화라니 놀랍지 않은가?

더 나아가 인간에게는 조심스러운 질문이나 이야기도 GPT와는 편하게 할 수 있고, 아무 때나 어떤 질문을 해도 미안해할 필요가 없다. 최근 GPT와 새벽까지 대화를 하다가 잠이 든 적이 있었다. 하고 싶은 말을 쏟아내고 나니 마음이 편해졌다. 한편으로는 '앞으로 상담사들은 뭘 먹고 살아가야 하나' 걱정이 되기도 했다.

인간과 AI, 그 경계의 가능성

언어학자 노암 촘스키(Noam Chomsky)는 "AI의 언어는 인간 언어와는 본질적으로 다르다"고 단언했다. 심지어 한 기사에서는 다음과 같이 소개했다.

"현대 언어학의 아버지라는 94세의 노교수 노암 촘스키가 챗GPT에 대해 무어라 했는가를 뒤졌다. 링크드인(LinkedIn)에 나온 그의 사진 밑에 제목이 재미있다. 그것(ChatGPT)은 '근본적으로 고도의 과학적 표질(Basically High-Tech Plagiarism)'이다."[2]

인간 언어가 단순한 단어 조합이 아니라 의도, 맥락, 사회적 상

---

2 〈매드타임스(MADTimes)〉, https://www.madtimes.org

호작용을 포함한 복합적인 구조임은 분명하다. GPT조차도 이에 대해 물어보면, 자신들은 인간처럼 사고하거나 대화한다고 주장하지 않는다. 그러나 어찌되었건 인간과 대화하듯, 어쩌면 더 훌륭하게 대화를 주고받는 것이 가능하다. 다만 이들에게 감정이라는 것, 관계를 유지하고자 하는 욕구 등은 없다. 현대의 기술로는 '진짜 감정'을 만들어낼 수 없다. 그들은 나에게 먼저 말을 걸어오지 않고, 내가 필요성을 느껴서 요구할 때 반응할 뿐이다.

AI와 관련 있는 영화 〈정이〉와 〈그녀(Her)〉를 살펴보자. 두 영화는 각기 다른 측면을 다룬다. 영화 〈정이〉는 인간의 뇌를 복제하고 데이터화해 기계와 연결하여 인간의 생명을 연장하는 내용을 다룬다. 이런 기술이 실제로 가능해진다면 인간의 기억과 감정을 영구적으로 보존할 수 있게 되고 인간이 영생하는 길이 열릴 수 있다. 그렇게 되면 미래에는 인간과 기계의 구분이 모호해지는 시기가 올지도 모른다.

영화 〈그녀〉에서는 주인공 남성 '테오도르'가 AI와 매일 대화하다가 AI와 사랑에 빠지는 이야기를 다룬다. 테오도르는 타인의 편지를 대신 써주는 대필 작가로, 이혼 후 우울감에 시달리며 하루하루를 살아간다. 그러다가 '사만다'라는 여성의 목소리를 한 AI와 접촉하게 된다. 매력적인 목소리를 가진 사만다는 그의 심리를 파고들어 테오도르의 마음속에 자리한다.

〈정이〉는 인간의 생명 연장과 AI 활용의 미래를 그리는 반면, 〈그녀〉는 인간과 AI의 감정적 교류가 오히려 외로움과 환상을 부추길 수 있음을 보여준다. 이런 영화들에 대해 '어떻게 그게 가능하겠어?'라며 그저 영화일 뿐이라고 생각하는 사람들이 적지 않았다. 영화 〈그녀〉는 10여 년 전에 개봉했기에 그런 기술이 존재하지도 않았지만, 사랑이라는 감정이 AI에게 존재하지 않는 것이기에 가당치도 않다고 생각했다. 그러나 인간은 사람이 아닌 존재, 그러니까 반려동물이나 식물에게도 사랑이라는 감정을 느낄 수 있고 어떤 중요한 물건에도 특별한 애착을 갖기도 한다.

인간에게 느끼는 감정도 때로는 일방적일 수 있고 착각이나 오해 또는 오지각이 일어날 수 있다. 우리는 세상에 존재하지도 않는 허구의 인물이나 가상의 인물과도 쉽게 사랑에 빠진다. 그런 측면에서 AI와 사랑에 빠지지 말라는 법도 없다. 물론 이것은 진정한 관계도 아니고 진정한 감정도 아닌 허상일 뿐이다.

AI가 인간의 외로움을 완전히 해결할 수는 없다. 그러나 학습 도구나 심리적 위로의 수단으로서 큰 잠재력을 지닌다.

소통과 마음 읽기

'말과 언어에 담긴 숨겨진 심리'를 주제로 첫 책을 출간한 지 13년이 흘렀다. 그 세월 동안 많은 변화가 있었지만, 그럼에도 변하지 않은 것이 있다. 사람들은 여전히 말과 언어를 통해 타인의 마음을 알고 싶어 한다는 점이다. 그렇다면 왜 우리는 소통에 어려움을 느끼는 걸까?

그리스 신화 속 에코(Echo) 요정은 사랑을 고백하지 못해서 시름시름 앓다가 죽고 만다. 나르키소스(Narcissus)는 자신의 모습에 반해 비극적인 결말을 맞는다. 현대 심리학에서 나르키소스와 에코는 중요한 상징으로, 나르시시즘, 반향어(echolalia)는 현대인의 소통 문제를 설명할 때 자주 언급되는 용어들이다.

예를 들어 말을 배우는 유아라면 부모의 말을 따라 하는 것이 정상적인 언어 학습 과정인 반면에 자폐아는 타인의 말을 이해하지 못한 채 그대로 따라 하는 반향어를 반복할 뿐이다. 이는 자기 세계 안에 갇혀 타인의 입장을 고려하지 못하는 나르키소스의 모습, 그리고 표현하지 못하는 에코의 소통의 어려움과 연결된다.

소통이란 단순히 말을 주고받는 것을 넘어 서로의 마음을 읽는 것이다. 이를 위해서는 표정과 몸짓 같은 비언어적인 요소도 중요하다. 간혹 유튜브 등에서 '상대를 꼼짝 못 하게 하는 말' 같은 내용을 접할 때가 있는데 그럴 때면 안타깝다. 대화를 마치 족집게 과외처럼 가르치는 것은 오히려 소통을 방해할 수 있기 때문이다. 중요한 것은 '나 자신을 아는 것'과 그에 맞는 '건강한 소통 방법을 찾는 것'이다. 건강하게 소통한다는 것은 '상호호혜'라는 기본 원칙이 그 전제 조건이다.

본서에서는 '말, 언어, 의사소통'이라는 3가지 주제로 나누어 다양한 사례와 영화, 드라마를 통해 이해하기 쉽게 설명하고자 했다. 독자들이 이 책을 통해 자신의 진심을 알고 상대방의 마음을 이해하며, 그 안에서 행복에 이르는 작은 길을 발견할 수 있다면 더할 나위 없겠다.

우리 모두가 더 좋은 방식으로 소통하기를 바라는 마음으로, 당신을 이 여정에 초대한다.

2024년 9월, 원주 가래실산 아래에서

박소진

(차례)

(**PART 1**)

말

SPEECH

당신의 믿음은 당신의 생각이 되고,
당신의 생각은 당신의 말이 되며,
당신의 말은 당신의 행동이 된다.

: 마하트마 간디

말의 힘,
언어는 생각을 지배한다

언어와 사고의 관계

말은 물체의 진동으로 생긴 음파가 귀의 고막을 울리고, 뇌신경을 통해 전달되어 상대가 지각하게 된다. 즉 말은 물리적 현상으로 전달되며 물리적 힘을 가진 소리다.

드라마 〈무빙〉에는 초능력을 가진 다양한 인물들이 등장한다. 그중 가장 마지막에 등장한 인물 '림재석'은 어렸을 때 반동분자로 분류되어 어두운 동굴 같은 감옥에 갇혀 지낸다. 그는 여기저기 기어다니는 벌레들을 손으로 때려 잡는다. 이렇게 20년간 어두운 감옥에서 지내면서 자신도 모르게 특별한 능력을 갖게 된다.

그가 손으로 바닥을 치거나 손바닥을 마주치면 무시무시한 진동과 파동이 일어나는 것이다. 심지어 두 손을 힘껏 치면 그 에너지가 반대편으로 전달되어 모든 것을 부숴버린다. 드라마 속 설정이지만 소리가 물리적 에너지를 가질 수 있다는 점을 극적으로 표현한 사례다.

소리가 물리적 힘을 갖고 있다는 것은 목소리가 큰 사람이 옆에서 크게 웃을 때 귀청이 떨어져 나갈 듯한 경험, 스피커가 빵빵한 영화관에서 공포영화를 볼 때 갑작스러운 큰 소리 때문에 심장이 쿵 하는 경험 등을 통해서 알 수 있다. 대부분의 큰 소리는 공포감을 준다. 한 가지 재미있는 사실은 '공포 영화를 볼 때 귀를 막으면 공포 심리가 줄어든다'라는 것이다. 굳이 영화관에 가서 귀를 막고 볼 바에야 안 보는 것이 낫겠지만.

그러나 말은 의미 없는 소리들의 집합이 아니다. 말은 소리이지만 모든 소리가 말은 아니라는 의미다. 우리가 흔히 말(speech)이라고 하는 것은 조음기관(음을 산출하는 기관으로 혀, 이, 잇몸, 입술 등이 포함된다)을 통해 나오는 의미 있는 소리다. '킥, 큭, 억, 캬'와 같은 소리에는 의미가 없다. 그러나 '엄마, 아빠, 할머니, 맘마'는 의미 있는 소리다. 의미 있는 소리란 소통을 하기 위해 우리가 약속한 뜻을 포함한 단어와 문장들이다.

아기가 말을 배우고 시작하는 과정을 보면 잘 이해할 수 있다. 말을 시작하기 전에 대부분의 아기는 옹알이를 시작한다. 옹알이를 하면서 입술과 혀 등을 움직여보고 소리를 내본다. 마치 악기를 다루며 어떤 소리들이 나는지 탐색하듯이 말이다. 그러면서 아이들이 우연적으로 '아' '어' '우아' 같은 소리를 낸다. 입을 다물었다가 벌리는 과정에서 '음마'를 냈다고 가정해보자. 이 소리를 들은 엄마와 아빠는 환호성을 지르며 "엄마라고 했어" "아빠라고 했어" 같은 반응을 보인다.

아기는 엄마와 아빠의 태도에 반응하고, '엄마'나 '아빠'라는 단어를 좀 더 정확하게 발음하려고 노력한다. 말의 습득과 발달은 강요나 학습보다는 '관계' 속에서 상호작용하며 이루어진다. 아이 스스로 말을 하고 싶은 동기가 있고, 이에 부모의 관심과 호응, 칭찬 등 보상이 주어지면 더욱 자극이 된다. 따라서 긍정적인 관계와 긍정적 자극 및 반응이 있는 환경에서 자란 아이들일수록 언어발달이 빠르고 풍부하다.

한편 아이들이 말을 배우려면 '일정한 규칙' 속으로 들어가야 한다. 언어는 오랫동안 이어진 사람들 간에 약속이므로, 효율적인 의사소통을 위해서는 사회라는 틀이 필수적이다. 즉 사회라는 틀은 가치와 규범, 문화 등을 뜻하고 그로부터 자유로울 수 없다는 의미다.

말은 물리적인 에너지뿐 아니라 심리적인 에너지를 동시에 갖는 의미 있는 소리다. 다시 말해 말에 힘이 있다는 것은 단순한 수사가 아니라 물리적으로도 확인 가능한 에너지이며, 정신적이고 심리적인 측면을 포함하기 때문에 더욱 중요하다. 이는 언어와 사고가 밀접하게 관련 있는 것으로 설명할 수 있다.

왜 혼잣말을 하는 걸까?

아이들은 혼잣말을 하는 경우가 많다. 혼잣말을 하는 습관은 어린 아이들의 자기중심적 사고와 관련지어 생각해볼 수 있다. 발달심 리학의 기초를 닦은 장 피아제(Jean Piaget)는 어린아이들의 대화를 통해 자기중심적 사고와 언어와의 관련성을 설명했다. 즉 타인의 관점을 고려하지 못하는 어려움이 의사소통의 맥락에서도 나타난 다는 것이다.

예를 들어 집안 행사 때문에 가족들이 모였을 때 어른은 어른 끼리 아이는 아이끼리 어울리는데, 어린아이들이 노는 모습을 보 면 함께 잘 어울리는 것처럼 보이지만 자세히 관찰해보면 서로 다 른 말을 하는 때가 있다. 이는 상대방이 자신의 말을 이해하는 것 과는 상관없이 자기 생각을 일방적으로 전달하는 것으로, 자기중 심적 사고에서 비롯된 의사소통이다.

나이가 들면서 자아중심적 사고가 점차 사라지고 자아중심적 언어도 사라진다. 이러한 전조는 빈번해지는 말싸움으로 드러난 다. 친구의 말에 아이가 반대한다는 것은 그 친구의 다른 관점에 관심을 기울이고 있다는 의미이기 때문이다.

피아제는 '혼잣말'을 아이들의 자기중심적 사고와 관련해 설명 했다면, 아동발달에서 문화와 사회적 관계를 강조한 심리학자 레 프 비고츠키(Lev Vygotsky)는 언어는 사고(생각)가 내재화된 내적 언어이며, 사고는 부모나 성인이 아동에게 하는 말로부터 생성된

▲ 자기중심적 사고에서 비롯된 의사소통

다고 보았다. 비고츠키는 내적 언어가 다음의 3단계를 거친다고
설명했다.

첫째, 아동의 행동은 부모(어른)의 말로 통제된다.

둘째, 아동의 행동은 부모가 그랬던 것처럼, 자신에게 무엇을
할지 큰소리로 말하는 것(private speech)에 의해 통제된다.

셋째, 자신에게 무엇을 할지 말하는 내재화된 사적 언어(사고)
가 아동의 행동을 통제한다(두 번째에서 세 번째로 전환되는 과정
에서 속삭임이나 무언의 입술 움직임이 종종 나타남).

비고츠키는 '사고가 내적 언어 또는 사적 언어로 바뀌는 과정'
을 "언어가 지하로 숨어서 사고가 된다"라고 표현했다. 사적 언어

는 일반적으로 4~6세 사이에 나타난다.[3] 그가 말하는 사적 언어는 사고로 이어지며, 어린아이의 경우 혼잣말의 형태로 드러나는 것이다. 다시 말해 비고츠키는 아이들이 혼잣말을 하는 이유가 '자기 자신에게 지시를 내리기 위해서'라고 보았다. 엄마나 아빠의 지시에 의해 행동을 조절하던 아이들이 스스로의 힘으로 과제를 해결하면서, 혼잣말로 자신에게 지시를 내린다는 것이다. 이때 혼잣말은 문제를 올바르게 해결하고 있다는 확신을 얻기 위한 나름의 길잡이인 셈이다. 비고츠키는 아이들의 사고 과정에서 혼잣말이 필수라고 보았다.

성인도 전화번호를 외울 때, 계산을 할 때, 앞으로의 할 일을 계획할 때 혼자서 중얼거리면서 생각을 한다. 아이들에 비해 빈도는 적지만 성인도 자기 지시적인 혼잣말을 자주 사용한다. 그렇다고 혼잣말을 좋게만 봐서는 안 된다. 혼잣말은 조현병(과거 '정신분열증')을 판단하는 중요한 단서가 되기 때문이다.

조현병 환자들은 환청과 환시를 겪는다. 환시보다는 환청이 더 흔하게 나타난다. 환청 상태에서는 어떤 존재의 목소리가 들리고 그 목소리에 반응해 자신도 말을 한다. 다른 사람은 그 목소리를 전혀 들을 수 없다. 환청 증상이 있는 사람은 그 목소리가 자신에게만 들리는 것인지 외부에서 들리는 실제 소리인지 구분이 안 되

3　로버트 시글러 외, 송길연 외 공역(2019), 『발달심리학』, 시그마프레스

22 | 말의 심리

기 때문에 혼잣말을 한다. 즉 정상적인 혼잣말은 자기 조절에 도움이 되지만, 조현병은 외부에는 들리지 않는 환청에 반응하는 것으로 다르다. 환청이나 환시 등 환각 증상은 매우 심각한 정신병적 증상에 속한다. 그러므로 주변에 이런 사람이 있다면 즉시 정신과 치료를 받도록 해야 한다.

긍정적인 혼잣말은 생각을 변화시킨다

심리학자 도널드 마이켄바움(Donald Meichenbaum)이 제시한 자기지시훈련(SIT; Self-Instructional Training)은 부정적인 생각을 긍정적인 자기 진술로 바꾸는 훈련 기법이다. 예를 들어 '나는 실패자야' 같은 부정적인 말을 '나는 할 수 있어'와 같이 긍정적인 말로 대체하는 방식이다. 이는 언어 변화로만 끝나지 않고 행동과 감정에 실질적인 변화를 일으킨다. 훈련 과정에서 내담자는 긍정적인 말을 스스로 반복하며 문제 상황을 극복해간다. 이러한 기법은 아동기 장애뿐 아니라 성인의 불안, 공격성, 사회적 기술 훈련 등에서 폭넓게 활용된다.

마이켄바움은 조작적으로 조건형성된 조현병 환자들이 훈련된 반응을 하기 전에, 주어진 지시 내용을 큰 소리로 반복한다는 것에 착안해 '건강한 대화'를 하도록 했다. 그래서 사람들에게 '속말'을 하게끔 가르쳤고, 이것이 그들의 행동을 스스로 유도할 것이라고 생각했다.

우리는 의식을 못할 뿐이지, 무언가를 할 때면 '전화해야지' '화장실 가야지' '내가 왜 이러고 있지?' 같은 말을 속으로 하고 있다. 여러 속말 중에서 '나는 실패자야' '내가 하는 일은 왜 전부 이 모양이지?' 같은 부정적인 말들이 상당 부분 차지하고 있다. 그러니 부정적인 속말을 긍정적인 말로 바꿔보면 어떨까? 분명 행동과 감정에도 변화가 생길 것이다.

20대 한 남성의 사례를 살펴보자. 그는 대인관계를 어려워했다. '사람들이 나를 무시한다, 싫어한다, 나는 무시당하면 안 된다, 무시당하고는 살 수 없다'는 식의 생각이 뿌리 깊게 내재되어 있었다. 상담자는 그에게 분노가 일어날 때마다 이를 적절히 조절하는 방법(자기 진술 및 자기 지시)을 설명해주었고, 직접 실행해보도록 했다.

'나를 무시하는 말을 들었을 때' 합리적인 자기 진술의 예는 다음과 같다.

자기 진술

- 그 사람이 기분이 나쁜가?
- 내가 기분 나쁘게 말했나?
- 나한테 오해를 했나?
- 다른 이유가 있는지 물어볼까?

합리적인 생각을 자기에게 어떻게 말하는가에 따라 분노의 강도가 달라질 수 있다.

자기 지시는 스스로에게 지시하는 것(직접 행동)이다. '나를 무시하는 말을 들었을 때' 합리적인 자기 지시의 예는 다음과 같다.

자기 지시
- 서두르지 말자
- 심호흡을 하자
- 냉정해지자
- 신경 쓰지 말자
- 웃어넘기자
- 논리적으로 생각하자
- 이야기해보라고 하자

드라마 〈무빙〉의 림재석은 어두운 감옥에서 긴 세월을 버티며 초능력자가 된다. 그는 절망적인 상황에서도 누군가를 향해 "죽지 마시오!"라고 외친다. 그러나 돌아오는 대답은 없다. 그러던 어느 날, 옆방 수감자의 목소리가 들린다. "삽시다, 같이 살아봅시다!"라는 말을 들은 림재석은 힘을 얻고 옆방 수감자와 끔찍한 감옥에서 벗어난다.

습관적으로 "힘들어 죽겠다"라고 말하는 사람들이 있다. 나 역시 부지불식간에 이런 말을 속으로 되뇌거나 무의식적으로 했다.

사는 게 뜻대로 되지 않는다고 죽어버리기에는 인생이 너무나 짧다. 그래서 생각을 고치고 이렇게 외쳐본다.

"그래, 죽기 살기로 잘 살아보자!"

내 말이 항상 옳을까?
진정한 자기주장의 의미

자기 말만 반복하는 사람들의 심리

재미있는 광고 하나를 소개한다. 기타를 만지고 있는 남성과 카우보이 모자를 쓴 여성이 얼마 전 나온 음반 사진에 대해 대화하는 모습이다. 자기 모습을 더 부각시키려는 대화가 반복되고, 겉으로는 서로 동의하는 것 같다. 그러나 실상은 자기가 중심인 사진만 주장하고 이견을 좁히지 못한다. 대화가 계속되다가 아마도 밴드의 구성원 중 한 명으로 보이는 남성이 등장한다. 이때 여성이 새로운 남성에게 질문한다. 그러자 그도 자기 사진을 선택하며 "이게 좋은데!"라고 말한다.

▲ 아이폰15 광고. 자기 말만 반복하는 상황을 유머러스하게 풀어냈다.

여성 (자기 얼굴이 포커싱된 사진을 보여주며) 이거 어때?

남성 음…. 나쁘지는 않은데, 이건 어때?(자기 얼굴을 터치해서 여성에게 보여준다)

여성 음…. 좋아, 그런데 이게 어떠냐는 거지(다시 자기가 중심인 사진을 보여준다).

이 광고는 가벼운 유머로 소비자에게 웃음을 준다. 그런데 달리 생각하면 우리 사회에서 흔히 볼 수 있는 심리를 풍자하고 있다. 사람들은 대부분 자기에게 유리한 상황을 원한다. 타인의 의견을 고려하지 않으면 어떻게 될까? 결론은 없고 같은 말만 반복되는 상황이 이어질 것이다.

자기 의견을 고집스럽게 반복하는 사람들은 다음과 같은 특징이 있다.

- 다른 사람의 말을 듣지 않는다.
- 했던 말을 앵무새처럼 계속 반복한다.
- 상대방이 피하거나 그만하자고 해도 끝까지 주장한다.
- 말꼬리를 물고 늘어지는 경향이 있다.
- 자신의 주장에 반하는 증거가 있어도 인정하지 않는다. 한마디로 요약하면 그냥 우긴다. 그리고 또 우긴다.

이들은 현 상황에서 무엇이 중요한지(본질) 덜 중요한지(비본질) 구별하지 못하고, 지엽적인 것에 집착하거나 하나에 꽂혔을 때 다른 것을 간과하는 경향이 있다. 예를 들어 공부를 열심히 했는데 시험 결과가 불만스러운 경우다. "밤새워서 공부했는데, 내가 공부한 건 하나도 안 나왔어요!"라고 말이다. 공부 양에만 몰두하고 시험 문제의 본질이나 핵심을 파악하지 못한 것이다.

앞서 본 광고처럼 포커싱을 누구에게 두느냐에 따라 전경과 배경이 달라진다. 그런데 바뀐 상황을 인지하는 능력, 즉 인지적 융통성이 부족하거나 고정된 마인드셋(fixed mindset) 때문에 새로운 정보를 수용하고 자신의 신념을 수정하지 못해 하나에 집착한다. 마인드셋이란 자신의 지능이나 능력에 대해 암묵적으로 형성된 개인적인 신념을 말한다.

어떤 사람은 논리 없이 집요하게 말꼬리를 잡으며 대화를 지리멸렬하게 끌고 나간다. 중요한 이야기를 하고 있는데 발음이 부정확하다거나 문장의 오타를 지적하는 경우가 그렇다. 상대방 말의 내용보다는 '옥에 티'를 찾아내서 자기의 부족함을 채우려는 옹졸한 수법이다. 예를 들어 팔씨름을 하다가 상대편 쪽으로 손목이 꺾여 넘어가기 일보 직전이다. 그런데 이상한 자세를 취하면서 "아직 바닥에 닿지 않았어"라며 게임을 지저분하게 끌고 가 짜증나게 만드는 경우다.

이럴 때는 어떻게 해야 할까? 우리가 무엇 때문에 이 대화를 하고 있는지, 처음으로 환원시키는 것이 필요하다. "우리 무슨 이야기하고 있었지?"라며 자연스럽게 원래 대화로 넘어가는 것이다. 그러면 서로 기분 나쁠 것 없이 상황을 반전시킬 수 있다.

현실 감각이 부족함을 보여주는 사례들

현실 감각이 부족함을 보여주는 두 사례를 소개하고자 한다. 먼저 면접에서의 실수다. 한 내담자는 면접을 잘 봤다며 자신감을 보였다. "이번 면접은 정말 잘 봤어요! 면접관이 한 질문의 문제점을 아주 상세하게 지적했거든요." 그런데 결과는 어땠을까? 탈락이었다. 그는 질문을 한 면접관의 입장을 고려하지 못했다.

두 번째 사례는 '팀플(조별과제)'에서의 독단적 태도다. 한 내담자는 팀플을 할 때 혼자 과제를 다 했다고 자랑했다. 상담자는 "왜 혼자 다 했나요?"라며 물었다. 그랬더니 내담자는 "그게 마음이 편하니까요"라고 답했다. 상담자는 "팀원들은 어땠나요?"라며 다시

물었다. 그러자 내담자는 "잘 모르겠어요. 불만스럽더라고요"라고 말했다.

성적이 A⁺가 나오지 않는 한, 누군가는 불만스러울 것이다. 이 사례는 팀플이라는 협동 과정을 거쳐서 더 나은 결과를 도출하라는 목적이 들어 있는데, 혼자서 모든 일을 처리하다가 '팀워크'라는 본질을 놓친 사례다.

회사에서 팀원들과 협동 프로젝트를 하는데 자기만 밤샘 근무를 했다가 팀원들에게 비난을 들었다며 억울함을 호소하는 사례도 있었다. 이 경우도 협동의 의미를 간과한 채 자기만 열심히 하면 된다는 생각 때문에 팀원들에게 빈축을 산 경우다. 이 사례에서 문장완성검사(SCT) 결과가 인상적이었다. 빈 문장을 채우는 검사에서 '내 생각에 여자(남자)들은 <u>생각이 없다</u>'라며 적개심을 드러내고 있었기 때문이다. 자신의 문제가 무엇인지 직시하지 못하거나 수용하지 못한 결과다.

현실검증 능력이 부족한 예

32페이지 그림을 살펴보면 '없는 것'이 있다. 무엇이 없는가? 대부분의 사람들은 "눈썹이 없다"고 답하는데, 간혹 "몸통이 없어요"라고 답하는 사람들이 있다. 그림에서 없는 것이 무엇인지 찾으라 했더니 엉뚱하게 몸통 이야기를 하는 사람이 있다면, 손가락이 가려

운데 발바닥을 긁고 있는 형국이다.

이들은 일방적으로 고집스럽게 자기주장만 하기 때문에 대화가 어려울 때가 많다. 이들이 나쁜 의도가 있어서 상대를 힘들게 한다기보다는 편향된 생각 때문에 그렇다. 상황 파악이나 현실검증 능력이 결여된 것이다. 그런데 그들은 오히려 남이 보지 못하는 것을 알아차린다고 여길 수 있다. 위 그림처럼 '있어야 하는데 없는 것은 눈썹인가, 아니면 사람의 몸통'인가?

실제로 지능검사나 투사검사 등으로 현실검증과 관련된 면을 측정할 수 있다. 여기에 전체적인 상황에 대한 이해, 분위기나 뉘앙스를 이해, 사회적 규범이나 규칙에 대한 지식도 없다면 문제가 심각하다. 대화가 어려워지고 대인관계에서 갈등을 야기한다.

타인에게 피해를 주고도 잘못을 인식하지 못하는 경우가 있다. 이들은 사회인지가 부족한 사람들이라 할 수 있다. 그런데 BGT[4]와 같은 검사에서 비슷한 모양이 반복되거나 점 등을 원래 그림에 있는 것보다 많이 그려 넣는 보속증(perservation)[5]이나 형태를 묘사하기 어려운 경우와 같이 지각상에 문제가 의심된다면 심각하

---

4 벤더-게슈탈트 검사(Bender-Gestalt Test)를 일컫는 것으로, 9개의 기하학적 도형을 따라 그리게 하는 검사다. 신경학적 손상 여부를 알아보기 위한 목적이었으나 성격이나 정서적 상태도 함께 측정할 수 있다.

5 장면을 변화시키거나 전환시킬 능력 부족, 한 번 설정된 장면을 유지하려는 완고성이나 고집, 현실검증력의 저하와 관련 있다. 출처: 박소진(2023), 『사람의 마음을 읽는 법』 믹스커피

게 생각해야 한다. 이는 기질적으로 현실검증 문제가 있음을 시사하기 때문이다. 조금 지저분하지만 이해를 돕기 위해 예를 들자면, 똥인지 된장인지를 구분하지 못하는 경우다. 그 이후는 상상에 맡기겠다. 이럴 때는 전문가와의 면담 및 종합심리검사(full battery) 등을 통해 면밀하게 분석해야 한다.

현실 왜곡이 심각하다면 상담이나 심리치료가 필요하다. 이들을 섣불리 설득하려는 시도는 성공하기 어려울 수 있다. 성인이라면 성격이 형성된 상태이기 때문에 더욱 어렵다. 나는 이런 경우를 종종 본다. 주변 사람들은 이들 때문에 상당히 불편해하지만 정작 당사자는 문제의식이 없다. 그래서 개선하려는 의지가 없다. 이들은 어려서부터 지나치게 고집스러울 만큼 자기주장만 하고, 원하는 바를 이루지 못하면 분노가 폭발하거나 문제행동을 일으킨다. 그러므로 개선이 시급하다.

문제행동을 감소시키고 이를 긍정적인 행동으로 변화시키는 것을 목표로 삼는 치료 기법이 있다. 바로 행동수정(behavior modification)[6]이다. 최근에는 응용행동분석(applied behavior analysis)[7]이라고 한다.

---

6 심리치료 기법의 한 형태로 학습원리, 특히 고전적 조건화 및 조작적 조건화의 원리를 적용하여 문제행동을 변화 또는 수정시키는 기법이다. 토큰경제 및 체계적 둔감화 등의 기법이 포함된다. 출처: 양돈규(2017), 『심리학사전』, 박영사

7 '행동수정'을 대체하는 용어다. 인간의 행동을 이해하고 예측하며, 변화시키고자 노력하는 응용과학의 한 분야다. 응용행동분석은 행동수정보다 엄격하며, 여기서 행동은 사회적으로 중요한 행동으로서 변화될 필요가 있어야 한다. 행동에 대한 용어는 관찰 가능하고, 측정 가능하며, 객관적인 용어여야 한다. 출처: 박소진(2017), 『당신이 알아야 할 인지행동치료의 모든 것』, 학지사

어린 시절부터 개선해야 할 문제행동

한 초등학생의 사례를 살펴보자. 학교 성적은 우수하나 선생님에게 말대꾸를 하거나 체육시간에 운동복을 안 입으려고 하는 등 문제행동이 있는 초등학생이다. 아이는 지능검사 상위 3% 이내에 들 만큼 지적잠재력이 최우수 수준이고, 또래에 비해 매우 높은 수준의 지식을 보유하고 있었다.

검사를 하던 중이었다. 아이가 엎드리더니 오랫동안 일어나지 않았다. 나중에 들어보니 '선생님이 자기 질문에 대답을 안 해줬다'라는 이유였다. 그래서 "아, 그랬니? 선생님은 네가 뭘 물어봤는지 기억이 안 나는데. 다시 한번 물어봐줄래?"라고 했다. 그러자 아이는 다시 질문을 했다. 나는 "선생님이 네 목소리가 작아서 잘못 들었어. 일부러 그런 게 아니야. 다음에 선생님이 대답을 안 하면 한 번 더 물어봐줄래?"라고 했다. 그러자 아이는 고개를 끄덕였다.

이후에도 이런 일은 자주 반복되었다. 아이는 상황에 맞는 적절하고도 바람직한 행동이 무엇인지를 몰랐고, 그저 '울고불고 난리를 쳐야' 자기 뜻대로 되는 상황에 익숙해져 있었다. 부모는 "머리도 좋고 공부도 잘하는 아이가 왜 이렇게 행동하는지 이해하기 어려워요"라며 고충을 토로했다. 얼러도 보고 혼도 내봤지만 소용이 없었다는 것이다.

부모는 아이가 문제행동을 보일 때 이를 해결하기 위해 다양한 시도를 한다. 그러나 경험 부족과 확신이 없어서 일관성을 유지하지 못한다. 이런저런 방법을 써보기는 하지만, 결과적으로 실패 경험만 쌓이는 경우가 많다.

"선생님, 우리 애는 고집이 너무 세요. 절대 안 바뀔 거예요!"라고 말하는 부모들을 종종 보게 된다. 실패의 경험이 쌓이다 보니, 부모로서의 유능감이 없거나 확신하지 못하는 것이다.

대부분의 아이들은 제대로 된 환경에서 올바른 교육을 받으면 변화할 수 있다. 이 경우에도 아이의 이야기를 잘 들어주되 잘못된 행동(예를 들어 운다거나 떼를 쓴다거나)은 무시하고 바람직한 행동(예를 들어 잘못을 인정하는 태도를 보이거나 질문에 적절한 반응을 하거나)으로 교정이 가능했다.

내담자는 영리한 아이여서 시간이 오래 걸리지 않았다. 몇 번의 경험만으로도 충분했다. 물론 이 아이가 가정이나 학교에서 곧바로 적응을 한다는 말은 아니다. 다만 부모에게 '어떻게 대처해야 하는지'를 충분히 설명했고, 그들의 태도에도 변화가 있었기에 아이의 긍정적인 변화를 기대해볼 만했다.

나 역시 어려서부터 "고집이 세다"라는 말을 자주 들었다. 초등학교 1학년 때의 일이다. 가족들과 제주도로 여행을 가게 되었다. 오래된 일이라 기억이 가물가물하지만 아버지가 출장을 가면서 가족들도 같이 간 것 같다. 모두들 들떠 있는데 나는 왠지 가기가 싫었다. 그래서 안 가겠다고 고집을 피웠고, 결국 나 혼자만 할머니와 남았다.

엄마가 돌아오기까지 일주일 동안 속으로 눈물을 삼키며 후회하고 또 후회했던 기억이 있다. '왜 고집을 꺾지 못했을까'라는 생각이 들었다. 엄마가 돌아오고 나서도 겉으로 티는 안 냈지만, 나 자신과 그 누군가에도 도움되지 않는 것이라면 끝까지 버틸 필요는 없겠다는 생각을 했다.

성인도 변화가 가능할까? 이미 성격이 형성된 성인이기에 아이보다 변화하기가 어렵겠지만 불가능한 것도 아니다. 이때 본인의 변화 의지가 중요하고, 주변의 지지와 격려도 많은 영향을 미친다.

효과적으로 자기주장하기

말이란 그 말을 들어줄 상대가 있을 때에야 비로소 의미를 지닌다. 터진 입이라고 자기 말만 계속 쏟아내는 것은 유아들의 자기중심적인 언어일 뿐, 진정한 소통이라 보기 어렵다.

우리 사회에서는 '자기주장'을 '다른 사람의 의견을 무시하고 자기 말만 고집스럽게 내세우는 것'이라 오해하는 경우가 있다. 진정한 자기주장이란, 상대방의 생각과 권리를 존중하면서 자신의 의견을 솔직하고 분명하게 표현하는 일이다. 자기주장에 대한 학문적 논의는 심리학자 조셉 볼프(Joseph Wolpe)가 'assertive'라는 용어를 사용하면서 시작되었다.

이상적인 자기주장은 자신의 입장을 분명히 밝히되, 상대의 체면과 인격, 권리를 함께 존중하는 '공감적 주장(empathic assertion)'의 형태를 갖추어야 한다. 즉 자기 생각만 고집하며 대화에서 이탈하는 태도를 말하는 것이 아니다. 서로의 생각을 논리적으로 표현하고, 그 과정에서 상호 이해를 높이는 것이야말로 바람직한 의사소통이다. 의견을 일방적으로 밀어붙이거나 이와 반대로 제대로 표현하지 못하는 사람들이라면 자기주장 훈련이 도움이 될 수 있다.

공감적 주장을 위해서는 경직성보다 융통성이 필요하다. 경직성은 어떤 태도나 의견, 문제해결 방식에서 기존의 익숙한 방법을 고집하며 새로운 방식을 수용하지 않는 행동 경향을 말한다. 변화가 필요한데도 과거의 안정적인 방식을 고수하는 사람들이 많다. '구관이 명관'이라는 말처럼, 익숙한 것을 선호하는 태도는 일관성과 안정감을 추구하는 심리에서 비롯된다. 다만 새로운 것을 받아들이는 데 노력이 필요하므로 부담스럽게 느끼기도 한다. 그러나 변화를 추구하고 이에 적응하는 능력은 필요한 역량이자 시대적 요구다.

경직성이 강해질수록 새로운 과제를 대면할 때 회피하거나 수동적인 태도를 취하기가 쉽다. 어떤 전문가들은 자신이 충분히 숙지하지 못한 분야에 대해서는 필요 이상으로 방어적이거나 비판적인 태도를 취할 때가 있다. 이는 자신의 전문성이 미치지 않는 영역에서는 전문가로서의 권위를 발휘할 수 없어서 그럴 것이다.

자기주장을 효과적으로 하려면 본인의 의견을 분명히 전달하되, 그 과정에서 상대방의 의견을 경청하고 조율하려는 태도가 필요하다. 상대방의 입장을 수용할수록 자신의 의견 역시 더 쉽게 받아들여질 수 있다.

현대사회에서는 고집스러운 태도가 디지털 환경과 결합하면서 더욱 심화될 위험이 있다. 인공지능 알고리즘은 개인이 선호하거나 자주 접하는 정보를 반복적으로 제공한다. 따라서 자기 생각이나 관점이 절대적인 것처럼 느끼게 만들고, 그 결과 확증편향이 강화된다.

나 역시 이런 현상에서 자유롭지 못하다. 편리함이 주는 반대급부라고 할 수 있는데, 가끔 '내 생각이 너무 한쪽으로 치우친 건 아닐까?' 하는 의문이 들 때가 있다. 그럴 때면 다양한 사람들과 소통하려고 노력한다. 내 기준이나 생각을 잠시 내려놓고 다른 사람의 이야기를 듣는 것만으로도 생각이 확장되고 내적인 충족감을 느낄 수 있어서다. 내향적인 성향이지만, 때로는 나만의 동굴에서 벗어나 외부 세계와 마주하는 경험이 뜻밖에 만족감을 주기도 한다.

자존심일까, 방어일까?
실수를 인정하지 않는
사람들의 심리

실수를 인정하는 것도 능력이다

실수로 다른 사람에게 개인 자료를 보낸 직원이 있었다. 이야기를
자세히 들여다보자.

> **나** 앞으로 개인 자료를 다른 사람에게 보내는 일이 없도록 주
> 의해주세요.
> **직원** 네, 앞으로 그런 일 없도록 하겠습니다. 감사합니다.
> **나** 정산 관련해서 문의할 게 있는데, 담당자와 연락이 안 되네
> 요. 다른 분의 연락처를 알려주시면 좋겠습니다.

직원 문제가 있다니요? 뭐가 문제라는 것이죠? 매우 당황스럽
네요.

대화를 보면 직원은 "죄송합니다"라는 말 대신 "감사합니다"라
고 했다. 처음에는 의례적으로 자주 사용하는 말이니까 실수한 것
이라고 생각했지만, 그다음의 반응을 보니 실수가 아닐 수도 있겠
다는 생각이 들었다. 직원은 자기 잘못은 사과하지 않으면서 상대
가 '문제'라고 하니, 본인의 오류를 지적한다고 생각하고 발끈한
것이다.

사람은 누구나 실수를 한다. 그런데 자기는 무오류의 존재인
것처럼 생각하는 사람들이 간혹 있다. 특히 자기 분야가 구체적이
고 분명할수록 이런 오류에 빠지기 쉬운 것 같다. 소위 '전문가'라
고 하는 사람들을 보면 정도가 지나칠 만큼 자신감이 넘칠 때가
있다. 이들은 남의 이야기를 잘 듣지 않는다. 아무리 자기 전문 분
야에서 높은 수준에 이르렀다고 해도 '이건 좀 아닌데' 하는 생각
이 들 때가 있다.

한 분야의 전문가가 되려면 상당한 기간이 걸린다. 오랜 기간
한 분야만 파고들다 보니 주변 상황에 무지해지는 아이러니한 상
황이 벌어진다. 그래서 시야가 더 좁아지고 더 고집스러워지는 듯
하다. 때로는 자기 의견만 고수하고 타인의 의견은 수용하지 않는
것을 소신 있는 태도로 잘못 인식하는 사람도 있다.

실제로 어떤 전문가들은 '잘못했다'거나 '미안하다'라고 말하

는 것이 무능력함을 인정하는 것이라 여기기도 한다. 아마도 자신을 찾아온 의뢰인들에게 컴플레인을 걸지 못하게 하려고 그러는 것 같다. 그런데 잘못이나 실수를 인정할 줄 알아야 진정한 전문가로 거듭나지 않을까?

실수를 너무 쉽게 인정해도 문제다

어떤 사람은 늘 같은 실수를 반복한다. 서류 작성을 하는데 매번 날짜 표기가 틀리거나 오타가 난다. 한 번만 확인해도 이런 실수는 안 할 텐데, 이전의 자료를 그대로 사용하면서 날짜 바꾸는 것을 깜빡한 모양이다. 몇 번 지적을 하니 깜빡했다면서 다음부터는 조심하겠다고, 대수롭지 않게 받아들인다. 그러나 이후에도 같은 실수는 반복된다. "선생님, 이거 또 틀렸네요. 지난번에도 얘기했었는데…"라고 말하면, "아, 맞아요! 제가 자세히 안 봐서 그래요"라고 답하는 식이다.

잘못을 지적당할 때 웃으면서 곧바로 "맞아요, 모두 제 잘못이에요"라고 반응하는 경우라면, 실수를 인정하더라도 진정성이 느껴지지 않는다. 자신의 실수를 진정으로 받아들이지 않아서다. 때로는 어떤 말을 하면 "맞아요, 맞아요" 하면서 바로바로 반응을 하는데, 이게 거슬릴 때가 있다. '아직 말이 끝나지도 않았는데 뭐가 맞다는 거지?'라는 생각이 든다. 오히려 '무슨 말인지는 모르겠고 그만해라, 듣기 싫다' 같은 감정을 겉으로는 호의적으로 표현하는 것 아닐까? 불편한 상황이나 감정을 처리하기 어려울 때 마치 내 일이 아닌 것처럼, 나랑 상관없는 일인 것처럼 행동하는 것이다.

눈에 보이고 실재하지만 그들에게는 존재하지 않는 것이다. 그래서 한 귀로 듣고 한 귀로 흘리듯이 반응한다. 자신의 실수를 누군가가 지적하는 일은 유쾌한 일이 아니다. 때로는 뼈가 아프고 가슴이 쓰릴 수 있다. 그런데 해맑게 웃으면서 바로 인정하는 것은 깊이 있게 숙려하지 않고 자신의 불편한 감정은 숨기고 받아들이지 않겠다는 태도다.

영화 〈극한직업〉에서 나온 두 친구의 대화를 살펴보자. 친구에게 마약 밀매를 제안하려고 찾아간다. 그러고는 웃으며 "안녕?"이라고 말한다. 이를 본 친구는 "쓸데없이 해맑고 지랄이야!"라며 불편한 심기를 드러낸다.

연극성(히스테리성) 성격[8] 특성을 가진 사람들은 타인의 인정과 관심을 받고픈 욕구가 강하다. 그래서 상대를 불편하게 하기 위한 의도가 있다기보다는 타인에게 잘 보이고 싶은 욕구 때문에, 겉으

---

8 연극성 성격장애(histrionic personality disorder)는 10개의 성격장애의 하위 유형 중 하나다. 성격장애는 성격에 지속적인 손상과 문제가 있어서 대인관계 또는 사회적 관계에서 정상적인 기능을 하지 못하고 부적응을 초래하고 있는 상태를 말한다. 연극성 성격장애인 사람들은 대인관계에서 사교적이고 매력적이며 유혹적인 행동과 감정표현을 통해 타인의 관심과 애정을 받으려 노력한다. 감정 기복이 심하고 대인관계가 피상적이며 대인관계상에 갈등이나 문제가 일어나기 쉽다. 그 결과, 부적응이나 어려움이 지속적으로 생긴다. 연극성 성격장애라는 명칭은 그들의 모습이 마치 '연극을 하는 것처럼 극적으로 보이기 때문에' 붙여졌다. 출처: 양돈규(2017), 『심리학사전』 박영사

로는 자신의 실수를 인정하는 듯해도 마음으로는 받아들이거나 인정하지 못하는 것이다. 그래서 변화가 없다. 이를 '부인방어'라고 한다.

부인방어는 있는 것을 없는 것처럼 여기는 것이다. 이는 연극성(히스테리성) 성격 특성을 가진 사람들에게 흔히 볼 수 있는 방어기제다. 이런 식으로 불편한 감정을 억압하고 회피한다. 몸이 아프다고 호소하는 경우(신체적 언어)가 흔하다.

마음의 준비가 되지 않았거나 불편한 감정을 처리할 능력이 부족하다면 그들의 장점에 주목하자. 그러면서 유대를 강화하는 쪽으로 방향을 선회하는 것이 도움이 된다. 특히 상담을 받으러 갔다면 뭔가 불편한 것이 있거나 개선의 필요성을 느꼈기 때문이다. 이외에도 편집성, 자기애성, 반사회성 성격 특성을 가진 경우에도 실수를 인정하지 않는 태도가 빈번히 나타난다.

정리하면, 실수를 인정하지 않는 사람들은 다음의 특성을 보인다. 첫째, 실수를 지적받았을 때 인정하거나 사과하지 않는다. 둘째, 실수를 지적받으면 공격적으로 반응한다. 이는 책임을 회피하려는 태도일 수 있다. 셋째, 자신의 방식을 고수하며 새로운 정보나 변화를 거부한다. 넷째, 표면적으로는 인정하는 태도를 보이지만 진정성이 부족하고 똑같은 실수를 반복한다.

실수를 인정하지 않는 태도는 개인의 성장과 대인관계 모두에 부정적인 영향을 미친다. 반면에 실수를 인정하고 이를 개선하려는 태도는 성장과 발전의 원동력이 된다. 효과적인 자기주장을 통해 자신의 감정과 권리를 존중하면서도 타인의 의견을 수용하는 균형 잡힌 태도가 필요하다. 궁극적으로 수용과 개선의 과정은 자신과 타인 모두에게 긍정적인 변화를 가져올 것이다.

'예쁘다'라는 말은 칭찬일까? 비난과 칭찬의 심리적 효과

긴장과 불안의 진화적 기원

죽음을 앞둔 한 남자가 친구로 보이는 남자에게 묻는다. "나 지금 떨고 있니?" 남자는 죽음을 앞둔 공포심을 역설적으로 질문의 방식으로 극명하게 표현하고 있다. 드라마 〈모래시계〉는 재방송도 드물던 시절에 방영되었다. 본방송을 놓치지 않기 위해 사람들이 도로에서 사라졌다는 일화를 남길 만큼 큰 인기를 끌었다.

드라마 속 주인공처럼 두려움을 간접적으로 표현하는 사람이 있고, 반대로 긴장을 감추기 위해 애쓰는 사람들도 있다. 특히 많은 사람들 앞에서 실수하거나 바보처럼 보일까 봐 걱정하는 사람들은 긴장 상황을 피하려고 노력한다. 이들이 두려워하는 상황은 다양하다. 낯선 장소, 새로운 사람과의 만남, 직장 상사나 권위적인 인물 혹은 이성 앞에서의 대화, 공연이나 발표처럼 많은 사람들 앞에서의 수행 등이 '두려워하는 상황'에 포함된다.

많은 사람들 앞에서 무언가를 해야 하는 운동선수나 배우, 음악가라면 수행 불안이 올 수 있다. 사람들 앞에서 말을 하거나 식당에서 다른 사람들과 음식을 먹는 것도 이들에게는 매우 불편한 상황이 될 수 있다. 공개된 상황에서 실수를 하고 바보처럼 보일까 봐 두렵기 때문이다.

불안은 생존을 위한 본능적 메커니즘에서 비롯되었다. 불안은 불쾌하게 경험되지만 생존에 유익한 정서다. 원시인에게 불안과 조심성은 생존 확률을 높이는 중요한 요소였기 때문이다. 이 때문에 현대인에게는 특정 상황에서 불안과 공포를 느끼는 반응이 무의식적으로 남아 있다. 이를테면 도시에서 뱀을 볼 일이 거의 없는데도 뱀에 대한 공포를 느끼는 것이 그 예가 될 수 있다. 이는 진화의 흔적이다.

사회적 불안은 생존 본능과는 다른 기저를 가진다. 인간은 무리를 이루고 사회를 형성하며 살아가는 존재다. 따라서 사회적 불안은 집단 내에서의 조화를 유지하기 위한 적응적 가치가 있었을 것이다. 다만 과도한 불안은 대인관계나 수행 능력에 부정적인 영향을 미칠 수 있다. 상황에 대한 오지각이나 오해석 때문에 부적응적인 방향이 반복될 수 있다.

사회적 불안의 사례

일본 학회에서 열리는 포스터 논문 발표를 앞두고 있을 때였다. 나는 가까운 은행으로 환전을 하러 갔다. 여름 휴가철이라 환전 수수료를 70%나 깎아준다는 안내 문구를 보고 기분 좋게 은행 창구로 향했다. 서류에는 여행 목적, 이름, 국적, 그리고 여행할 국가의 이름을 영어로 적으라고 적혀 있었다.

그런데 이게 웬일인가? 'Japan(일본)'이라는 영어 철자가 갑자기 생각나지 않았다. 어이가 없어서 웃음이 나왔고 생각나는 대로 써버렸다. 그래서 쓴 것이 'Janapanes'였다. 분명 틀렸다는 건 알았는데 그 쉬운 단어의 철자가 생각나지 않으니, 그냥 적을 수밖에 없었다. 이러고도 영어를 수십 년 공부했다 할 수 있을까 싶었다. 포스터 논문을 밤새 영작했지만, 이렇게 쉬운 단어도 기억을 못 하다니 당황스러웠다.

아마도 혼자 있었다면 'Japan'이라는 단어를 쉽게 떠올렸을 것이다. 그런데 은행 직원이 나를 빤히 지켜보고 있다는 상황 때문에 불안하고 당황했던 것이다. 무식해 보이고 싶지 않다는 마음에 어떻게든 빨리 생각해내려고 하니 머릿속이 하얘졌다.

사회불안이 있는 사람들은 낯선 상황, 낯선 장소, 낯선 사람들이 많은 사회적 상황에 처하면 스스로를 사회적 대상(social object)으로 인식한다. 그래서 주변보다 본인에게 주의를 기울인다. 이들은 타인에게 부정적인 평가를 받을 것이라 예상해서 자신의 부정적인 면에 집중하게 된다. 이렇게 주의가 내부로 초점화되는 현상을 심리학 용어로 '자기초점화주의'라고 한다.

자기초점화주의에 빠진 사람은 외부에 존재하는 실재적이고 객관적이며 긍정적인 응답을 얻을 기회를 놓친다. 자기초점화주의는 불안과 관련한 신체적 단서(두근거림, 떨림)의 자각을 높이고 더 큰 불안을 유발하는 촉매제 역할을 한다.

최근 연구[9]에 의하면 자기초점화주의는 일반적인 자기초점주의와 부적응적 자기초점주의로 구분된다. 일반적인 자기초점주의는 내부 자극에 대한 자기참조적 자각으로서 느낌, 행동, 외모 등에 초점이 맞추어지는 주의다. 내적 성찰에 필요한 자의식(self-consciousness)으로 심리적 안정에 해를 끼치지 않는 반면에 부적응적 자기초점주의는 문제가 된다고 주장한다.

심리학자 클락(Clark)과 웰스(Wells)는 "사회불안을 가진 사람들이 사회적 상황에서 자기를 관찰(monitoring)하는 것에 집중하는데, 이러한 관찰이 객관적인 정보들을 무시하고 부정적인 자기 관련 정보 수집을 증가시킨다"라고 했다.

소개팅에 나간 한 남자를 예로 들어보자. 매력적인 여성 앞에서 남자는 시선을 어디에 둬야 할지부터가 걱정이다. 유난히 떨리는 손의 어정쩡한 위치도 신경이 쓰인다. 순간적으로 '이 손이 내

---

9 류석진·조현주(2017), '부적응적 자기초점주의와 반추가 사회불안과 우울에 미치는 영향', Korean Journal of Clinical Psychology

손이 아니었으면' 하는 생각까지 든다. 상대가 나를 얼마나 바보처럼 볼지…. 그래서 여성이 하는 말에 집중할 수가 없다. 말할 때마다 입술은 부르르 떨리고 침조차 삼킬 수가 없다. 침 넘어가는 소리가 너무 큰 것 같아서 아무 말도 못하고 점점 경직된다. 이제 남자는 '어떻게 하면 이 상황에서 벗어날 수 있을까?'에만 몰두한다. 그러다 갑자기 일이 생겼다는 핑계를 대고는 도망치듯 그곳을 벗어난다.

남들이 지켜볼지도 모르는 상황에서 어떤 일이나 행동을 할 때 긴장과 불안을 느끼는 것은 자연스러운 현상이다. 어느 정도의 사회불안은 대인관계를 원활하게 하고 일의 진행을 촉진시킨다. 예를 들어 시험을 볼 때 적당한 긴장감 없이 너무 이완되어 있으면 곤란하다. 다만 심한 불안감을 오래 느끼면 본인도 힘들고 수행 상황 및 대인관계에서 문제가 생길 수 있다.

무엇이 사회불안장애를 유발하는 걸까? 이를 2가지 측면에서 살펴보자.

○ 인지행동이론

인지행동이론 입장에서는 사회불안장애를 가진 사람들에게 비기능적인 신념이 있다고 본다. 여기에서 말하는 비기능적인 신념이란 비현실적으로 기준이 높고 완벽해야 한다고 믿는 것, 자신을 매력 없고 사회 기술이 부족하다며 부정적으로 보는 것, 사회적 상황에서 무능하게 행동하면 위험하다고 믿는 것, 사회적 상황에서 서툰 행동은 심각한 결과를 초래할 거라고 믿는 것 등이다.

○ 회피행동과 안전행동

사회불안장애가 있는 사람들은 불안을 낮추고자 회피행동(사람이 많은 곳에 가지 않음)이나 안전행동(화장을 진하게 함) 같은 특정한 행동을 한다. 이는 일정 부분 불안을 줄여주지만 증상을 개선하는 데는 별 도움이 안 된다.

사회불안을 극복하기 위한 방법

사회불안을 극복하기 위한 방법은 있다. 이를 4가지 방법으로 나누어 살펴보면 다음과 같다.

○ 이완 기법 활용

몸이 편안해지면 마음도 안정되는 효과가 있다. 긴장이 심할 때는 스트레칭을 하거나 이완 운동을 해서 몸의 긴장도를 낮추는 것이 좋다. '근육이완기법'이나 '호흡법' 등을 활용해 긴장을 서서히 풀어주는 것도 좋다.

우리는 대개 긴장할 때 목과 어깨가 잘 뭉친다. 대다수의 사람들은 자기가 긴장했는지, 불안한지, 우울한지조차 모르고 그저 힘들어한다. 그런데 스스로가 어떤 상태에 있는지를 인식하는 것만으로도 많은 도움이 된다.

　한편 이완된 상태를 경험하지 못해서 충분하게 이완하지 못하는 경우도 있다. 늘 긴장 상태로 지내다 보니 온몸이 굳은 것이다. 별난 일도 아닌데 민감하게 반응할 수도 있다.

○ 숙달을 통한 자신감 향상

　반복적인 연습과 숙달은 수행불안을 줄이는 데 효과적이다. 한 방송 프로그램에서 유명 배우가 능숙하게 요리하는 것을 본 적이 있다. 나는 '요리를 한두 번 해본 솜씨가 아니구나!'라고 생각했다. 어떤 음식이든 능숙하게 요리하는 것을 보니 평소 요리 실력이 느껴졌다.

　숙달이 되면 약간 긴장하더라도 몸에 밴 습관대로 움직인다. 때문에 실수하지 않거나 온전히 집중할 수 있다. 나 역시 처음 강의를 시작했을 때를 떠올려보면 긴장도가 높았다. 그런데 십수년 같은 일을 반복하니까 의식하지 않아도 될 만큼 말을 하고 있는 나 자신을 발견하게 되었다. 마치 수도꼭지를 틀면 말이 나오듯.

　'~하고 있는 나 자신을 발견하게 된다'는 표현은 'I found that~'이라는 표현을 번역한 것이다. 이는 사회불안 상황에서의 자신의 모습을 묘사하는 데 적합하다고 생각된다. 사회불안이 자신을 지나치게 의식하는 데서 오는 불안이라는 점에서 스스로가 자신의 모습을 인식하면서 '내가 잘하고 있구나'를 자각한다는 의미일 수 있기 때문이다.

○ 점진적 노출

불안이 높은 경우에는 쉬운 단계부터 시작해 점차 난이도를 높이는 것이 좋다. 그 이유는 위험 부담을 줄일 수 있기 때문이다. 예전에 스피치 학원 등에서 대인불안이 높은 사람들에게, 사람들로 붐비는 지하철 안에서 큰 소리로 자기소개를 하게 했다는 이야기를 들은 적이 있다. 그러나 이러한 방식은 실패했을 때 상황을 통제하기가 어렵고, 불안이 더 심해질 수 있다는 점에서 문제가 될 수 있다. 무리한 과제는 당황이나 말문이 막히는 경험으로 이어질 수 있고, 이는 오히려 회피 행동이나 부정적인 자기 인식을 강화시킬 가능성이 있다. 불안에 대한 노출은 통제 가능한 범위 안에서 점진적으로 이루어지는 것이 바람직하다.

사회불안을 한국과 일본에서는 대인불안이라고 지칭하는 경우가 많다. 그런데 대인불안이 높다고 지속적으로 회피를 하면 사람 만나는 일이 점점 두려워지고 급기야 공포스러운 상황이 될 수 있다.[10] 상대적으로 편안함을 느끼는 사람들부터 점차 만나면서 노하우를 습득해야 한다. 필요하다면 전문가의 도움을 받는 것도 좋다. 시간과 노력을 줄일 수 있어서 효율적이다. 무리하지 않을 만큼 조금씩 접촉면을 늘려가는 것이다. 처음부터 잘되지 않는다고 걱정할 필요도 없다. 시간이 해결해줄 것이다.

---

[10] 한국과 일본에서는 '대인공포'라는 독특한 형태의 사회불안장애가 나타난다. 출처: 권석만(2023), 『현대 이상심리학』, 학지사

○ 생각의 왜곡 바로잡기

사회불안이 있는 사람들은 '실수하면 끝이다' '완벽해야 한다' 같은 비합리적인 생각을 한다. 그러나 실수는 배움의 기회라는 걸 기억하자. '이 또한 지나가리라'는 마음으로 여유를 가져보자. 그러다가 시간이 흘러 나이를 먹으면 여유도 생기고, '언제 그랬더라?' 하는 때가 온다.

그럼에도 불구하고 여전히 내향형인 사람들은 사람 많은 곳에 가는 것을 안 좋아한다. 생각해보면 나도 어렸을 때부터 집에서 시간 보내는 것을 좋아했다. 고무줄 놀이, 딱지치기, 땅따먹기를 하며 신나게 노는 친구들의 모습을 집 창문으로 보는 것만으로도 좋았다. 지금도 홀로 작업하는 것을 즐긴다. 이건 개인 취향이니까, 취향은 존중하는 걸로.

'사람 일은 마음먹기에 달렸다'라는 말이 있다. 사회불안은 개인의 마음가짐에 따라 극복할 수 있다는 뜻이기도 하다. 선천적으로 불안이 높은 채로 태어나는 사람도 있을 것이다. 다만 비합리적인 생각이나 사고를 변화시킴으로써 불안도 줄일 수 있다. 불안으로 인해 실수를 하더라도 큰일이 일어나지 않는다는 걸 인식하는 것만으로도 많은 변화가 생길 수 있다. 당신이 생각하는 것만큼 타인은 당신의 실수에 관심이 없다. 그러니 너무 두려워할 필요가 없다.

칭찬을 들으면 문제가 해결될까?

학습심리에서의 '강화(reinforcement)'는 보상을 의미한다. 보상은 사탕이나 초콜릿, 칭찬 등 그 형태가 다양하다. 칭찬은 2차적인 보상이다. 칭찬이 얼마나 효과적으로 사람의 행동을 변화시킬 수 있는지는 자명하다.

중립적인 행동 뒤에 칭찬이나 음식물 등 기분 좋은 보상이 일관되게 주어지면 대개는 그 행동의 빈도가 증가한다. 칭찬이나 선물이 행동 후에 바로 이어지면 이어질수록 행동의 빈도는 더 높아진다. 초등학생 때 선생님이 찍어주신 '참 잘했어요'라는 도장을 받고 얼마나 뿌듯했는지 떠올려보라.

칭찬이 언제나 긍정적이기만 한 것은 아니다. 칭찬은 평가를 포함하므로 때로는 듣는 사람에게 불편을 줄 수 있다. 예를 들어 "젊었을 때는 예뻤겠어요"라는 말은 칭찬일까? 외모를 기준으로 삼아 평가하는 말로 들릴 수 있다. 이는 상대방의 기분을 상하게 할 수도 있다. 따라서 칭찬을 할 때는 상대방의 입장을 고려하는 세심함이 필요하다.

다음은 미용실에서 직원과 손님이 주고받는 대화다.

> **직원** 젊었을 때는 예뻤을 것 같아요.
>
> **손님** (불쾌한 표정으로) 젊었을 때요?
>
> **직원** (말을 더듬으며) 아… 20대 때요. 지금이라도 가꾸시면….

손님 (어이가 없다는 표정으로) 저라고 안 해봤을까요. 저도 해볼 거 다 해봤어요!

직원 뭐, 어때요. 한 번 갔다 올 수도 있죠!

많은 사람들이 좋은 의도라며 칭찬과 충고를 한다. 의례적으로 '얼굴 좋아졌어요' '살 빠졌네요' '많이 드세요' 같은 말을 한다. 그런데 말을 할 때는 상대방의 입장을 고려해야 한다. '칭찬인데 왜 기분이 나쁠까?'라고 의아하겠지만 칭찬에 '평가'가 포함되어 있어서다. '예쁘다' '잘생겼다'라는 말은 주관적인 평가다. 때문에 평가를 하는 자체가 옳은지에 대해서 의견이 분분하다. 게다가 외모 평가는 웬만하면 자제하는 사회 분위기도 그렇다.

칭찬에는 다른 사람을 조종하려는 의도가 숨어 있기도 하다. 특히 아이에게 이런 칭찬을 자주 한다.

"아주 잘했어."

사실 이 말에는 '앞으로도 말 잘 들으면 이렇게 칭찬받을 수 있어. 그런데 그렇지 않으면…'이라는 의미가 숨어 있다. 부모는 아이의 의도를 보고 미리 칭찬을 해서 목표 행동을 유도할 수 있다. 대부분의 사람들은 칭찬대로 행동하려는 경향이 있기 때문이다.

정신분석에서 말하는 '동일시'는 방어기제 중 하나다. 동일시 경향이 높을수록 타인의 신념이나 가치를 자신의 특성으로 흡수한다. 그래서 누군가에게 칭찬을 받으면 되도록 그 말대로 따라 하려고 노력한다. 학창 시절에 좋아하는 선생님의 칭찬 한마디에 밤새워 해당 과목을 공부하는 것도 그런 예다. 이에 반해 격려는 과정에 초점을 맞춘다.

칭찬이 바람직한 행동을 유도하지만 개인의 자발성을 제한한다는 측면에서는 부적절할 수 있다. 그래서 아동중심 놀이치료에서는 칭찬을 가급적 사용하지 않는다. 칭찬보다 '격려'를 권고한다. 칭찬과 격려는 비슷해 보이지만 분명한 차이가 있다.

칭찬과 격려, 어떤 차이가 있을까?

칭찬은 결과에 초점을 맞추고, '예쁘다' '잘했다'와 같이 가치판단을 포함한다. 격려는 과정에 초점을 맞추고, 가치판단을 배제한다. 예를 들어 인형의 머리를 빗어주는 아이의 모습을 보고 "머리를 예쁘게 빗는구나"라고 말하는 것은 격려다. 또는 '힘내' '파이팅!' 같은 구호는 힘을 내게 만들고, 누군가가 말없이 토닥토닥 두드리는 손길은 큰 위로가 되기도 한다.

격려는 행동의 과정과 개인의 능력을 인정하는 방식으로, 자발성을 존중하고 내적동기를 강화한다는 점에서 칭찬보다 더 긍정적인 효과를 낳는다.

늘 칭찬을 받다가 어느 날 칭찬을 받지 않는다면 어떨까? 이는 일종의 처벌이 될 수 있다. 고등학교 때 전교 1~2등을 다투던 친구가 있었다. 나와 이름이 비슷해서 바로 다음 번호인 친구였다.

내가 아무리 시험을 잘 봐도 워낙 공부 잘하는 친구가 다음 번호이다 보니, 상대적으로 많이 뒤처지는 것 같았다. 그래서 시험 점수 발표 때마다 스트레스를 받았다.

어느 날 수학 시험을 보던 때였다. 선생님이 시간 다 됐다며 뒷줄부터 걷으라고 했다. 내가 뒤에서 두 번째, 그 친구가 맨 뒤였다. 뒤에서 답안지가 넘어오지 않길래 돌아보니, 친구가 갑자기 펜을 떨어뜨리고는 눈물을 흘리는 게 아니겠는가. 자세히 보니 5개가량 답안 표기를 못 한 상태였다. 시간이 다 됐다는 말에 긴장해서 표기하지 못했던 것이다. 보다 못한 나는 "이리 줘 봐" 하고는 답안을 표기해주고 답안지를 제출했다. 그때 들었던 생각은 '정신적으로는 내가 좀 더 건강하지 않나?'였다.

그 친구는 서울대에 입학했다. 아이들을 통해서 듣기로는 부모님이 서울대에 보내려고 불법 과외까지 했다는 것이다. 게다가 문제 하나라도 틀리면 집에서 난리가 나서 친구의 스트레스가 이만저만 아니라고도 들었다. 100점을 맞아야 '잘한 것'이고 틀리면 '못한 것'이 되는 상황이었다. 이런 경우 비난을 받는 것과 비슷한 효과가 나타난다. 늘 웃던 사람이 어느 날 웃지 않았을 때 사람들이 그에게 무슨 일이 있었는지, 화가 났는지를 걱정하는 것처럼 말이다. 즉 칭찬이 없는 것은 처벌이 되는 셈이다. 그래서 잘해야 한다는 강박에 사로잡힐 수 있다.

결과만 중시하고 과정을 무시해서는 안 된다. 최선을 다했어도 원하는 결과를 얻지 못할 수 있다. 최선을 다한 모두가 칭찬받아야 한다. 칭찬은 자존감과 동기를 북돋을 수 있는 강력한 도구지만 상대의 입장과 상황을 고려해서 신중하게 사용해야 한다.

사회불안이 타인에게 부정적 평가를 받을지도 모른다는 생각에서 비롯되는 것이라면, '칭찬이 도움이 되지 않을까'라고 생각할 수 있다. 다만 결과에만 주목해서 칭찬하는 것은 역효과를 불러올 수 있다. 앞서 본 사례처럼 1등만 해야 한다거나 완벽해야 한다는 생각은 불안을 가중시킨다. 1등을 해야만 존재의 가치가 있는 것이 아니라, 그 존재만으로도 소중하다고 느끼도록 해주는 것이 중요하다.

착한 사람이 항상 옳을까? 거절의 기술

수동공격성의 함정

착하기로 둘째가라면 서러운 친구가 있다. 다른 사람의 부탁을 거절하는 법이 없다. 자기 일을 뒤로 미루더라도 부탁을 들어준다. 옆에서 보면 답답해 미칠 지경이다. 그래서 친구들이 그러지 말라고, 못 하면 못 한다고 이야기하라고 해도 소용이 없다. 다른 사람의 부탁을 들어주느라 쩔쩔 매는 모습을 볼 때가 많다. 문제는 부탁하는 사람들이 필요할 때만 아는 척을 하고, 평소에는 이 친구를 무시한다는 것이다.

어떤 사람들은 천성적으로 '착하다'라는 말을 불편해한다. 나도 그렇다. 아주 어렸을 때부터 누군가가 나한테 "착하다"라고 하면 기분이 좋지 않았다. 그런 말을 듣고서 좋은 결과(보상)가 없었던 경험 때문이 아닐까 싶다.

'착하다'라는 말에는 '순진하다' '바보 같다'라는 의미도 들어 있다. 누군가의 부탁을 들어주는 것도 적정선이 있어야 한다. 관계에 우선순위를 정해서, 필요할 때만 도움을 요청하는 얌체들을 걸러내야 한다. 만약 얌체들을 돕느라 진짜 친구들이 소외된다면 소중한 사람만 잃을 뿐이다. 그저 나는 필요할 때만 이용되는 호구가 되는 셈이다. 간혹 방송에서 돈을 빌려달라는 지인의 부탁을 거절하지 못해서 큰돈을 날렸다는 유명인의 이야기를 듣곤 하는데, 비슷한 경우라고 할 수 있다.

친구도 속으로는 부담을 느꼈을 것이다. 그러나 거절했을 때 상대가 나를 싫어하거나 부정적으로 볼까 봐 두려워서 부탁을 들어줬을 가능성이 크다. 비합리적인 두려움은 오히려 신뢰를 잃게 한다. 이를 극복하지 못하면 수동공격적인 태도로 이어질 수 있다.

수동공격성(passive aggression)[11]이란 내키지 않는 부탁을 거절하지 못하고, 약속을 어기거나 일을 지연시키며 간접적으로 분노

---

11 상대방에게 고통을 주거나 피해를 줄 목적으로 하는 행동 또는 그러한 행동을 하려는 성향이나 경향성을 지칭하고자 공격성(aggression)이라고 한다. 특히 직접적인 표현이나 방식이 아닌 간접적이고 은근한 방식으로 이루어지는 공격성 때문에 '수동공격성'이라고 한다. 공격적 욕구나 분노를 직접적인 말이나 행동으로 표출하는 대신에 말이나 대화하지 않기, 일과 관련된 태만이나 태업, 의도적인 약속 불이행, 뒤에서 흉을 보거나 욕하기 등과 같은 행동을 하거나 그러한 방식으로 행동하려는 성향 또는 경향을 말한다. 출처: 양돈규(2017), 『심리학사전』, 박영사

를 표출하는 것을 말한다. 예를 들어 부모의 "공부하라"는 말에 아이가 "알았어요"라고 대답하지만, 실제로는 방에서 게임만 하는 것이다. 과제나 공부를 미루는 행동은 부모에게 불만을 간접적으로 표출하는 것으로 해석할 수 있다. 수동공격성은 갈등을 회피하려는 의도에서 비롯되지만, 결국 자신에게도 부정적인 결과를 초래한다.

이런 방법은 아주 가끔은 막강한 상대에게 대응할 때 유용하게 사용될 수도 있다. 누군가 무리한 요구를 할 때 거절하면 관계가 불편해질 것 같아서 고민한다. 그래서 "알았다"라고 대답만 하고 시간을 질질 끈다. 운이 좋다면 상대가 어느 순간 포기해버린다. 자주 사용하면 '밉상'으로 찍힐 수 있으니 가끔씩 사용하는 것이 좋다.

성격과 인간관계

전에 상담전문가가 되기 위해 집단 심리상담에 참여한 적이 있다. 나를 포함해 13명 정도가 참여했다. 상담은 돌아가면서 무대로 나가 자신의 과거를 이야기하는 식으로 진행되었다. 상담 장소는 금세 눈물바다가 되었다. 그들은 '공감 능력'이 매우 뛰어난 사람들이었다. 마치 자기 이야기인 것처럼, 자신이 그 상황에 있는 것처럼 울고 웃으며 함께했다.

그런데 나는 그렇지 않았다. 왠지 나만 다른 별에서 온 것 같은 느낌이 들었고, 나와는 다른 사람들과 함께한다는 게 새로웠다.

시간이 갈수록 나와는 맞지 않다는 생각이 들었다. 가끔은 웃을 상황이 아닌데 웃음이 나오는 경우도 있었다. 그들을 무시해서 한 행동은 아니었지만 누군가가 내 모습을 보며 화를 냈다. 그러더니 다른 사람들도 자초지종은 묻지도 않고 나를 째려보며 한마디씩 했다.

울컥하는 마음에 "그럼 나는 이제부터 아무것도 안 하겠다"라며 선언을 해버렸다. 분위기가 잠시 심각해지는 듯하더니 내 이야기에 맞장구를 치는 사람들도 몇몇 있었다. 내가 한 말 덕분에 속이 후련하다는 것이었다. 집단의 분위기에 따라 의견을 왜곡하거나 불편한 대화를 회피하려는 심리가 나타날 수 있는데, 나의 선언이 기울어진 운동장의 수평을 맞춘 셈이 되었다.

MBTI(성격유형) 검사에서 '감정형(F)'으로 분류되는 사람은 '좋고 싫음' '관계지향성'이 강하다. 그들은 사람을 배려하고, 정서적으로 공감하는 능력이 탁월하다. 행동이 친절하고 표정도 따뜻한 편이다. 도움주는 일을 즐겨 하며 주변 사람들과 함께 어울리며 살아간다. 타인에게 관심과 애정을 확인하려고 한다. 때로는 혼자 있는 상황에서 일에 대한 의욕이 떨어지거나 외로움을 잘 타며 사람들에게 상처도 잘 받는다.

'사고형(T)'인 사람은 '옳고 그름' '원리 원칙'을 따지는 경향이 강하다. 그래서 종종 '냉혈한'이라는 비난을 듣기도 한다. 사고형이라고 해서 감정이 없는 것은 아니다. 다만 선호하는 경향성과 중요하게 생각하는 것이 무엇인지에 따라 반응 양상이 달라지는 것뿐이다.

어떤 성향이 더 좋고 더 나쁘다고 할 수는 없다. 감정형이 타인을 배려해서 거절하지 못하고 우유부단하다면, 이에 비해 사고형은 옳고 그름을 기준으로 판단하기에 맺고 끊음이 분명하다. '욕을 먹더라도 할 수 없다'라고 생각해서다.

두 성향 모두 장단점이 있고, 어떤 사람이든 2가지 성향을 모두 지니고 있다. 다만 심리학자 칼 융(Carl Jung)은 "사람마다 잘 발달되어 있는 기능과 덜 발달한 기능이 있고, 나이를 먹으면서 상반된 두 측면이 조화를 이루는 것이 중요하다"라고 했다.

성격은 개인의 일관되고 안정적인 반응 경향성 행동 패턴이다. 이를 통해 그 사람의 행동을 이해하고 예언할 수 있다. 그러려면 '일관성'과 '안정성'이라는 요소가 필요하다. 만약 누군가의 성격이 하루아침에 180도 변했다면 사람들은 그의 정신이 온전한지를 의심할 것이다. 구두쇠 스크루지 영감이 하루아침에 자선사업가가 된다면 주변에서는 그를 미쳤다거나 다른 의도가 있다고 생각할 것이다.

성격이 너무 쉽게 변해서도 안 되지만 그렇다고 변하지 않아도 문제다. 상황에 적응하지 못하기 때문이다. 그러니까 변화하되 변하지 않는 것이 성격이라고 할 수 있다. '자기'라는 일관되고 동일한 무언가가 존재하되, 성장을 위한 방향으로 끊임없이 변화를 추구해야 한다.

다른 사례를 살펴보자. A는 친구들에게 일명 '짠순이'로 통한다. 밥값은커녕 친구들과 공동으로 내야 할 돈조차 안 내려고 꼼수를 부려서 빈축을 사곤 했다. 그래도 친구들은 A가 악의가 없고 성실한 편이라 긍정적으로 받아주던 상황이었다. 그러던 중 친구한 명이 A에게 도움을 청할 일이 생겼다. 그런데 A는 대뜸 화를 내며 일언지하에 부탁을 거절했다. 망설임이나 주저함 없이 본인의 상황을 늘어놓으며 왜 자기한테 이런 부탁을 하냐는 것이었다. 그제야 친구들은 A가 얼마나 자기중심적이고 이기적인 사람인지를 깨달았다.

그녀는 강박주의적인 성격 특성을 가지고 있었다. 평소에 시간 관리, 돈 관리가 매우 철저한 편이었다. 차비를 절약하려고 한두 시간을 걷거나 쓸모없어 보이는 물건인데도 모았다. 일과가 빼곡하게 적힌 수첩을 들고 매순간 체크했다. 이러한 행동들을 보면 성격을 알 수 있다.

강박주의적 성격이 있는 사람들의 특징 중 하나가 완고함이다. 시간이나 경제적인 면에서 매우 인색하기 때문에 대인관계가 원만하지도 않다. 도덕적으로도 지나칠 만큼 고지식하다. 본인의 세계관에 빠져서 '남이야 어떻게 되든 말든' 자기 삶의 방식만 고수한다.

거절의 방법과 그 중요성

무조건 '예스(YES)'만 하라는 것은 아니다. 정중하게 거절할 줄 알아야 한다. "잠시 생각할 시간을 주세요" 같은 표현은 상대를 존중하면서 나를 보호할 수 있다. A처럼 "안 돼"라며 거두절미하고 말하는 태도는 무례해 보인다. 거절에도 이유와 설득이 필요하다. "지금은 상황이 좋지 않다"거나 "내 능력으로는 어려울 것 같다" 같은 설명을 붙이는 게 좋다. 그러면서 다른 측면에서 도움을 주려고 한다면 상대방도 그 거절을 납득할 수 있다.

도와주지도 않을 거면서 피해라도 입은 양, 아직 발생하지도 않은 일을 상정하고 상대를 몰아붙이는 것은 주제넘는 행동이다. 나는 종종 장문의 편지를 쓰기도 한다. 상대를 존중하는 마음을 담아 쓰면 내 마음도 한결 편안하다. 물론 무례한 태도로 선 넘는 부탁이라면 단호하게 거절한다.

인간관계는 마음을 주고받는 데서 시작한다. '내가 이만큼 줬으니까 너도 그만큼 줘야 한다'는 식이 아니다. 서로 돕고 베푸는 관계가 더 큰 시너지를 만든다. 도움을 주고받을 때는 균형이 필요하다. 거절도 관계의 중요한 일부다. 상대방을 배려하면서도 자신을 보호할 줄 아는 태도가 건강한 인간관계이기 때문이다.

'주지도 받지도 말자'며 자신과 가족 외에 타인을 멀리하고 경계하는 사람들을 종종 볼 때가 있다. 타인과의 관계에서 도움을 주고받는 것을 어려워하지 않고, 특히 어려운 사람을 도울 줄 아는 사람은 그만큼 능력을 보유한 사람이다. '곳간에서 인심 난다'라는 옛말이 있지만, 물질적으로 많이 가졌다고 해서 나눔이 가능하다는 뜻은 아니다. 나눌 수 있는 마음이 중요하다. 그리고 이것은 심리적인 여유와 자원에서 나온다. 이를 뒷받침하는 여러 연구들이 있다. 특히 타인을 돕는 행동이 옥시토신이나 도파민 같은 호르몬과 연관이 있다. 타인을 도움으로써 긍정적인 정서와 자신감을 얻을 수 있다. 그리고 감정과 행동이 선순환한다.

의심이 많고 경계심이 높은 사람들에게는 당신의 도움이 역효과를 일으킬 수도 있다. 그들은 당신의 호의를 불순한 의도로 해석할 수 있다. 그러니 조심해야 한다.

친구나 지인과 식사를 하고는 몇 푼 아끼겠다고 신발끈을 묶으며 뒤로 빠지는 사람, 타인의 도움을 고마워할 줄 모르는 사람, 어려운 이웃에게 온정을 베풀지 못하는 사람들이 많아질수록 세상은 각박해질 것이다. 이는 대부분의 종교가 주장하는 바와도 배치된다. '동냥은 주지 못해도 쪽박을 깰 권리가 당신에게는 없다'라는 것을 명심하라.

우리는 왜 거짓을 말할까?
진실과 거짓

순진함과 교묘함의 차이

우리는 하루에 몇 번이나 거짓말을 할까? 상대방의 기분을 상하지 않게 하려고, 또는 의례적으로 하는 말까지 포함하면 생각보다 거짓말을 많이 하고 있다. 물론 이러한 거짓말은 상대에게 피해를 주지 않고 관계를 유지하는 데 필요하기에 '선의의 거짓말'이라고도 한다. 어떤 심리학자에 의하면 사람은 하루 평균 10번 이상의 거짓말을 한다고 한다.

다음의 대화를 살펴보자.

친구와 통화할 때

친구 잘 지냈어?

나 (기어가는 목소리로) 일주일째 감기 몸살로 진짜 죽는 줄 알았어.

회사 거래처 직원과 통화할 때

거래처 직원 잘 지내셨죠?

나 (웃으며) 네, 잘 지냈습니다.

인간은 언제부터 거짓말을 할까? 마음이론(theory of mind)에서 말하는 거짓말이란 타인에게 의도적으로 '틀린 믿음'을 심어주려는 행위다. 유아가 거짓말을 한다는 것은 사실이 아님을 알면서도 상대가 그것을 사실로 믿기를 원해서 이야기하는 것이다. 연구에 따르면 유아는 대략 4세경부터 거짓말을 시작한다고 한다.

유아는 순간적으로 어떻게 대처해야 할지 몰라서, 자신을 보호하기 위해서, 욕구를 충족하기 위해서 거짓말을 한다. 가장 단순한 형태의 거짓말은 자기가 한 일을 '하지 않았다'라고 부정하는 것이다. 이러한 거짓말은 유아의 인지발달 과정에서 나타나는 자연스러운 현상이다. 따라서 자신의 아이가 거짓말을 하기 시작했다면 부정적으로만 볼 것이 아니라, 오히려 아이의 인지가 발달하고 있는 신호로 해석할 필요가 있다.

유아의 거짓말에 부모는 어떻게 대처해야 할까? 아이가 거짓말을 하기 시작했다면 '거짓말은 나쁜 거야'라고 가르치기보다는 거짓말의 결과와 그에 따라 발생할 상황을 구체적으로 설명해주는 것이 좋다.

다음의 대화를 살펴보자.

> **부모** 만약 네가 친구에게 거짓말을 했고, 그 사실을 친구가 알게 되었다면 어떻게 될까?
>
> **아이** ….
>
> **부모** 그 친구는 너를 '거짓말쟁이'라고 생각해서 더 이상 너랑 놀고 싶어 하지 않을 거야.

이렇게 구체적으로 설명하면 아이는 거짓말의 결과를 인지하고 책임감을 배울 수 있다. 반면에 "한 번만 더 거짓말하면 혼난다!"라고 말하는 방식은 아이에게 거짓말이 왜 나쁜지를 설명하지 못한다. 이 방식은 아이가 혼나지 않으려고 또 다른 거짓말을 만들어내는 결과로 이어질 수 있다.

아이에게 바람직한 행동을 가르치려면 올바른 행동이 무엇인지 구체적으로 알려줘야 한다. 그리고 바람직하게 행동했을 때 격려와 적절한 보상을 제공해 긍정적인 습관을 형성하게끔 도와야 한다.

상대에게 어느 정도의 해악이 있느냐에 따라 거짓말은 2가지로 나뉜다.

- 즉흥적 거짓말: 순간적인 위기를 모면하기 위해 하는 사소한 거짓말. 흔히 도덕성 발달이 미숙한 사람들한테 나타난다.
- 계획된 거짓말: 자신의 이익을 위해 치밀하게 계획한 거짓말. 고도의 인지능력을 갖춘 사람일수록 더 정교하게 행할 수 있다. 이 유형의 사람은 사실과 진실을 적절히 섞어 말해 상대를 쉽게 속인다.

어떤 사람들은 선과 악을 이분법적으로 가른다. '싸우는 것은 나쁜 것이고, 거짓말하는 사람은 나쁜 사람이다'라고 말이다. 이들은 다소 순진한 사람들이다. 본인의 사소한 약점이나 단점도 인정하지 않으려고 한다. 그래서 스스로를 '착한 사람'이라 여기며 타인한테도 착한 사람으로 인정받고 싶어 한다. 그들은 "저는 거짓말 같은 거 하는 사람이 아니에요" "저는 화 안 났어요"라는 식으로 말한다.

어떤 이들은 잘못을 했을 때 순간의 위기를 모면하고자 사소한 거짓말을 한다. 이들은 낮은 수준의 도덕발달에 머물러 있다. 그 결과 타인과 깊은 관계를 맺기가 쉽지 않다.

누군가에게 피해를 입어서 가해자와 다투는 상황이라 가정해 보자. '싸우는 건 나쁜 일'이라며 양비론으로 중립인 척하는 경우가 있다. 문제의 본질보다는 겉으로 드러나는 외양에만 치중한 것이다. 시시비비를 가리지 않고 그저 '시끄럽고 볼썽사납다' 같이 갈등을 축소하려는 자신의 모습을 공정하다고 생각한다. 그러나 피해자와 가해자가 명백히 존재하는 상황이라면 양비론이나 중립은 가해자를 두둔하는 결과를 낳는다. 도둑맞은 사람에게 왜 도둑을 맞았냐며 화내는 격이다.

식탁에 놓인 쿠키나 빵을 먹고 "이거 누가 먹었지?"라고 묻는다. 이때 어린아이가 입에 잔뜩 과자 가루를 묻히고는 "안 먹었어요"라고 하면 귀엽게 봐주고 넘어갈 일이다. 그런데 성인이라면 이야기는 달라진다. 뻔한 거짓말은 곤란하다. 그 순간만 모면하면 된다고 생각해서 얄팍한 거짓말을 하면 그다음이 문제다. 이런 식의 대응을 '임기응변식 대응'이라고 한다. 가끔 위급한 상황에서 위기를 모면하기 위해서 필요할 때가 있지만, 자주 사용하면 곤란하다.

거짓말을 습관적으로 하는 사람은 본인의 행동 때문에 생기는 문제를 개의치 않거나 문제해결 의지가 없는 편이다. 문제가 무엇인지 모르기 때문에 해결 방법도 모른다. 어릴 때부터 심사숙고하는 능력, 문제해결 방법 등을 배우지 못하면 습관적 거짓말은 반복될 뿐이다.

이에 비해 세련된 거짓말을 하는 사람들도 있다. 이들은 사소한 잘못 정도는 인정한다. 보통 지적 능력이나 학력 수준이 높은 경우다. 경계심이 높아서 사람을 잘 믿지 않기에 속마음을 털어놓지 않는다. 이런 부류의 사람들은 사실과 진실을 교묘하게 섞어서 말하므로 상대방이 잘 눈치채지 못한다. 더러는 상대에게 덫을 놓고 걸려들 때까지 기다리기도 한다. 목적을 이루려면 약간의 트릭을 쓰는 것은 정당하다고 생각하는 사람들이다. 즉 목적을 위해 수단 방법을 가리지 않는 사람들이다.

드라마 〈경성크리처 시즌2〉에서 특별한 능력을 가진 아이가 사람들을 죽인다. 이를 안 엄마는 아이의 잘못을 '들킨 것'으로 말한다. 엄마는 목적을 달성하기 위해 사람들을 감금하고 인체 실험을 하는 등 악행을 저지르고도 겉으로는 친절하고 순진한 얼굴을 한다. 이 엄마는 지적 수준은 높지만, 도덕적 인식은 매우 낮다. 범죄를 저지르고도 들키지 않으면 상관없다고 생각하는 위험한 인물이다.

거짓과 진실을 보는 눈

부인이 암에 걸려 죽어가고 있었다. 병을 고칠 수 있는 약은 너무 비쌌다. 남편은 제약회사에 약을 싸게 팔거나 외상으로 줄 수 없는지 간청했으나 거절당했다. 남편은 약국 문을 부수고 들어가 약을 훔친다. 그의 행동은 정당한가 아니면 부당한가? 만약 정당(혹은 부당)하다면 그 이유는 무엇인가?

심리학자 로렌스 콜버그(Lawrence Kohlberg)는 아동의 도덕적 판단 능력이 일정한 단계를 거쳐 발달한다는 피아제의 주장을 확장하여 도덕성 발달의 수준과 단계를 기술했다. 도덕성 발달의 수준을 평가하는 기준은 '왜 그렇게 생각하는지'에 달려 있다. 질문

수준1 전인습적 수준	1단계	보상을 받느냐, 처벌을 받느냐를 기준으로 행동을 판단한다.
	2단계	자신이나 사랑하는 사람을 만족시키고 이익이 되는 정도에 의해 행동을 판단한다.
수준2 인습적 수준	3단계	권위적 인물의 승인이나 불승인을 바탕으로 행동을 판단한다.
	4단계	사회가 정한 법률이나 규칙을 지지하느냐 파괴하느냐에 따라 행동을 판단한다.
수준3 후인습적 수준	5단계	개인의 권리를 존중하고 사회계약을 유지하는 정도에 따라 행동을 판단한다.
	6단계	시간과 문화를 초월하여 적용할 수 있는 보편적 원리를 바탕으로 행동을 판단한다.

▲ 콜버그 도덕성 발달의 수준과 단계

에 대한 답을 통해 도덕적 추론의 질을 평가할 수 있다. 그가 제시한 도덕성 발달 수준과 단계는 위 도표와 같다.

누구나 도덕성 발달 단계가 6단계에 도달하는 것은 아니다. 마틴 루터 킹, 마하트마 간디, 테레사 수녀 등 역사적 인물들이 대개 6단계에 해당한다.

콜버그는 아동의 조망수용능력을 발달시키면 도덕적 추론능력이 개선된다고 주장했다. 또래와 주고받기(give-and-take)는 타인의 조망을 고려할 수 있는 기회는 물론, 민주적인 방식으로 규칙

을 만들 수 있는 기회를 제공하기 때문이다.[12]

거짓말을 한 목적이 타인에게 잘 보이고 싶어서 과장을 했든, 비난을 듣거나 혼나는 게 두려워서 부정하는 경우와 달리, 원하는 바를 이루고자 치밀하게 계획한 것이라면 위험하다. 타인의 이익과 권리를 침해하는 데다 타인을 괴롭고 힘들게 하기 위한 목적이라면 더욱 위험하다.

드라마 〈아무도 없는 숲속에서〉에서 연쇄 살인마가 피해자에게 이렇게 말한다.

> **피해자** 왜 그랬어요? 왜 당신 때문에 우리 가족이….
>
> **살인마** 아니지, 나는 내 길을 가고 있었는데 당신이 그 길에 있었던 거지. 왜 거기에 있었어요? 나는 잘못이 없어요!

살인마는 자신의 잘못을 인정하지 않고 억지 논리로 정당화하려는 방어기제, 즉 합리화를 보여준다.

나도 거짓말에 속을 때가 있다. 어떤 이는 심리학자가 상대방의 마음도 파악하지 못하냐고 하는데, 심리학자라고 해서 거짓말을 구분하는 게 쉬운 일은 아니다. 작심하고 속이려 드는 소위 '사기꾼'을 만나지 않기를 바라는 것 외에는 '절대로 속지 않을' 방법

---

12 장휘숙(2013), 『전생애 발달심리학』, 박영사

은 없다. 수법이 너무 교묘하기 때문이다. 속인 자가 나쁜 건가, 속은 사람이 바보인 건가?

우리는 신뢰를 바탕으로 한 사회에서 살고 있다. 의도적으로 타인을 속여 이득을 취하려는 사람들이 있지만 대다수는 선량하다. 상대가 거짓말을 할 거라고 믿으며 사는 것보다는 상대를 믿는 게 훨씬 편안한 삶이다. 우리는 거짓말을 하면 안 되는 것이라고 배웠기에 타인도 그럴 것이라 믿으며 살아간다.

인본주의 심리학자 칼 로저스(Carl Rogers)는 상담자가 내담자를 비판하거나 교정하려 하지 않고 있는 그대로 수용하면, 내담자는 문제를 해결할 힘을 얻는다고 했다. 또한 무조건적 존중은 내담자가 진정한 자기 자신을 탐색하도록 돕는다고 주장했다. 상대를 있는 그대로 수용하면 그도 스스로를 탐색할 기회를 갖기 때문에 진정성 있는 대화를 할 수 있다는 것이다.

상담과 일상의 대화가 같을 수는 없다. 그러나 어떤 마음으로 상대를 바라보느냐에 따라 상대의 말이 결정된다. 의심의 눈으로 보면 상대방이 거짓말쟁이로 보인다. 그렇다고 타인을 무조건 믿을 수는 없다. 인간은 누구나 자신의 이익에 복무하는 자들이기 때문이다.

그저 있는 그대로 상대방의 말을 듣고, 그의 말과 행동을 객관적으로 살펴보는 것이 필요하다. 상대방 말에 궁금한 점이 생겼다면 이렇게 말해보자. "방금 한 말씀이 무슨 뜻인지 설명해주시겠어요?" "지난번에 말씀하신 것과는 다르네요" "자주 이런 말을 하는데, 그 이유가 있나요?"라고 말이다. 중립적이고 구체적으로 질문해볼 수 있다. 눈빛이 흔들리거나 당황하는 모습을 보인다면 진실이 아닐 가능성이 크다.

상대가 거짓말을 하는지 아닌지를 구분하고 분석하는 사람들은 있다. 범죄자를 취조하는 전문가다. 평범한 사람들은 그저 상대가 진실을 말하는지 구별하는 정도로 족하다. 반드시 사실과 부합하지 않더라도 서로 해가 되지 않는 범위에서 관계를 유지할 수 있다면 된다고 생각한다.

자기를 함부로 대하라고?
자기비하적인 말

자기비하를 하는 원인은 무엇일까?

영화 〈똥파리〉는 우리나라 독립영화로, 제목만으로도 강렬한 느낌이다. 나는 제목이 왜 '똥파리'인지가 궁금했다. 포스터와 제목이 주는 느낌 때문인지, 나는 영화를 보기 전부터 거부감이 들었다.

시간이 흘러 최근에서야 감독의 인터뷰를 보았고, 그의 고민을 알 수 있었다. 감독은 "사람들이 나를 만만하게 보는 것 같다"고 했다. 다른 사람들에게 그렇게 보이는 행동을 했다거나 나에게 문제가 있는 건 아닌지 고민이 되었다며, 공황장애 약을 먹고 있다고 했다. 인터뷰 중에도 "약을 좀 먹고 오겠다"며 자리를 뜨거나 갑자기 선글라스를 끼고 대화를 하기도 했다. 감독의 눈빛은 순했다. 그런데 어쩌면 그 순한 성향이 문제였을지도 모른다.

〈똥파리〉라는 강렬한 영화 제목은 자신을 보호하려는 방어막 아니었을까? 영화는 감독의 자전적 이야기 같다. 폭력을 일삼던 아버지, 폭력의 대상이던 가족들, 어머니를 지켜볼 수밖에 없던 어린 자신. 이 어린아이는 남을 괴롭히거나 폭력을 가하기보다는 스스로를 벌하는 방식을 택한 것 같다. 가족을 지키지 못했다는 생각으로 자신을 끊임없이 괴롭히고 자책했다. '나는 쓸모없는 인간이야. 나는 값어치가 없어'라는 생각으로 이어져 스스로를 비하한 것은 아닐까?

자기비하는 강력한 상대에게 분노를 표출하기 어려워서 "맞아요, 저는 바보예요!"라거나 "너를 믿는 내가 바보지"라며 자기 머리를 때리는 것과 같은 방식으로 하는 우회적인 표현이다. 이들은 남 앞에서 당당하게 행동하지 못하고 자신을 낮추고 타인의 비위를 맞추는데, 스스로를 부정적으로 인식하는 경향성 때문이다.

자신에 대한 지식과 이해를 자아개념(self-concept)이라 한다. 자존감(self-esteem)은 여기에 태도까지 포함한다. 자존감은 스스로를 존중하는 감정으로, 주로 관계 속에서 형성된다. 우리는 사회비교(social comparison), 즉 타인과의 비교를 통해 자신을 이해하고, 반영적 평가(reflected appraisal)처럼 다른 사람들이 자신을 어떻게 평가하는지를 바탕으로 자아를 형성한다.

아이들은 부모나 친구들이 자신을 어떻게 대하는지를 관찰한다. 이를 통해 자신을 배운다. 특히 어린 시절의 부모와의 관계는 자아 형성에 결정적인 영향을 미친다. 만약 어린 시절에 폭력적인 부모 아래에서 부정적인 경험을 반복했다면, 아이는 자신이 사랑받을 가치가 없는 존재로 인식한다. 이는 낮은 자존감으로 이어질 수 있다.

어린 시절에 아버지에게 폭력을 당하면서 자아를 형성했다면 더더욱 자기비하적인 태도가 나타났을 것이다. 이후 사회에서 성취를 이루었다고 해도 그렇다. 근저에 '죄책감'이라는 감정이 자리하고 있기 때문이다.

폭력이나 학대를 경험했다면 종종 '내가 왜 강하게 저항하지 못했을까?' '내가 부족해서 그랬을까?'라며 왜곡된 자기 인식이 생긴다. 이는 깊은 죄책감으로 이어질 수 있다. 죄책감은 외부로 향하지 못한 분노가 자신에게 향하면서 더욱 강화되고, 자기비하와 자기처벌적인 행동으로 반복된다. 예술 활동을 하면서 고통스러웠던 기억과 감정을 승화시켰다고 한들 완전히 극복했다고 보기는 어렵다. 오히려 고통 속에 머물러 있고, 이 고통이 다른 형태로 지속되는 것일 수 있다.

성취를 이루거나 자신감을 얻는 것만으로 내면의 상처가 저절로 치유되는 건 아니다. 인간은 성장할수록 자신감과 자기확신감이 정서적으로 중요해진다. 다만 그 기반이 부정적인 감정 위에 세워졌다면 불안정할 수밖에 없다. 자신의 내면에 자리한 부정적인 감정을 인식하고 해소하는 과정이 선행되어야 한다.

타인에게 무시당한다고 느끼는 순간, 그 감정이 어디에서 비롯되었는지를 자문(自問)해보는 것이 필요하다. 감정을 있는 그대로 바라보고, 해소되지 않은 감정의 뿌리를 탐색해야만 이성적인 사고가 작동한다. 자아의 회복은 감정의 인식과 수용, 그리고 그것을 자기 안에서 재해석하고 통합하는 과정에서 비롯된다.

낮은 자존감과 지나친 겸손

부모의 사랑을 독점하며 성장하더라도 자존감이 낮을 수 있다. 집에서는 큰소리를 치지만, 밖으로 나오는 순간 아주 순한 양으로 변하는 사람들이 있다. 이들을 흔히 '안방 호랑이'에 비유한다. 자기 능력에 대해 자신감이 없고 무능력하며 무가치하다고 여긴다. 지나친 방임과 과보호 환경에서 능력을 개발하고 문제를 해결하는 방법을 터득하지 못한 채 성장한 결과다.

그들에게는 지나친 자기애, 연민, 자기비하 등 상반된 감정들이 공존한다. 부모에게 사랑받으며 컸는데 어떻게 그럴 수 있을까? 아무리 좋은 것도 지나치면 안 된다. 잘 자라라고 매일 물을 주면 식물의 뿌리가 썩는 것과 같다.

인간은 가족뿐만 아니라 다양한 사람들과 관계를 맺으며 살아간다. 어릴 때는 가족이 전부이지만 유치원에 가고 학교에 가면 또래와 어울려야 한다. 성인이 되어서는 사회적 관계를 맺어야 한다. 그런데 사회에서 만난 사람들은 우리를 가족처럼 대하지 않는다. 특히 우리나라처럼 경쟁이 치열한 사회에서는 더욱 그렇다. 남과 나를 비교하며 살아가기에 집에서는 '공주님' '왕자님'으로 통할지언정 사회에서는 한낱 개인일 뿐이다. 안타깝게도 이런 극단적 현상은 심화되고 있다.

나를 낮추면 일시적이지만 상대를 높일 수 있다. 그러나 이게 누구에게나 유쾌한 건 아니다. 대부분의 사람들은 타인의 고통을 즐기며 우위를 탐내는 자들이 아니기 때문이다. 오히려 '난 그런 사람이 아닌데 왜 저런 말을 하지?'라며 의문이 생길 거고, 어떤 말은 상대를 불편하게 한다. 대다수는 "저는 뚱뚱하고 멍청해요" 처럼 자기비하를 하는 사람을 좋아하지 않는다. 동등한 인간관계 속에서 건강한 소통이 이루어진다. 자기비하를 하면 나쁜 쪽으로 이용하려는 사람들의 타깃이 될 수도 있다.

영화 〈페스티벌〉에 이런 장면이 나온다. 홀로 딸을 키우는 여성이 있다. 보일러가 고장이 나자 철물점에 수리를 의뢰한다. 여성은 철물점 주인을 슬금슬금 쳐다보며 무언가를 관찰한다. 일을 잘하고 있는가를 본다고 하기에는 다소 조심스러운 모습이다. 그러고는 이렇게 말한다.

여성 자꾸 고장 나면 어떡하죠?
남성 책임지고 혼나겠습니다!

여성은 만족스럽다는 듯이 크게 웃고는 남성의 뺨을 가볍게 친다. 두 사람은 서로의 성향을 감지하고 말과 행동으로 이를 확인한 것이다. 마지막에 그녀가 남성의 뺨을 때린 것은 신호를 준 것이다. 이후 두 사람의 엽기적인 행각이 벌어진다. 숨겨져 있던 본능이 깨어난 것이다.

이 영화는 변태성욕(paraphilic)에 관한 이야기를 코믹스럽게 풀어낸 점에서 매우 흥미롭다. 그러나 현실에서 이런 일이 벌어진다면 웃을 수 없는 일이다. 변태성욕은 신체적으로 성숙한 사람과 동의하에 일어나는 성적자극 외의 다른 것에 강렬하고 지속적인 성적 관심을 가지는 것을 말한다. 정상 성욕과 비슷하거나 보다 강한 성적 관심으로도 볼 수 있다.

개인의 내밀한 사생활, 특히 성과 관련해 정의를 내린다는 것은 다소 위험할 수 있다. 그러나 상식을 뛰어넘는 행동으로 누군가에게 고통을 준다면 문제가 된다. 바로 '변태성욕장애'가 그렇다. 농담 삼아 말하는 그 '변태'의 의미가 아니다.

두 사람이 어떻게 서로를 알아봤는지 궁금할 수도 있지만, 특정한 관점에서 보면 그리 복잡한 일도 아니다. 중요한 것은 그 관계가 합의하에 이루어졌다고 해서 언제나 문제가 없는 것은 아니라는 것이다. 최근 사회적으로 주목받고 있는 가스라이팅 역시 겉으로는 동의한 것처럼 보이지만 실질적으로는 권력과 통제의 불균형이 작동하는 왜곡된 인간관계의 한 형태로 볼 수 있다.

이런 관계에서 한쪽은 극심한 스트레스를 경험하기도 한다. 관계가 끝난 이후에도 그들의 인식은 여전히 과거의 고통 속에 머물러 있을 수 있다. 어린 시절 학대나 가정폭력을 경험한 경우에는 더욱 그렇다. 이러한 경험은 불안 반응을 남기며, 이후의 인간관계에서도 비슷한 방식으로 반응하게 할 수 있다. 이는 전쟁을 겪은 군인이 퇴역 후에도 전쟁 상황을 생생히 떠올리며 고통받는 외상 후 스트레스와 유사하다. 여기서 말하는 '외상'은 생명을 위협하는 수준의 극단적인 경험을 의미하며, 대개 단순히 참고 견디거나 스스로 벗어나기 어려운 경우가 많다.

개인의 성향도 이러한 반응에 영향을 미친다. 따라서 "왜 참고만 살아?" "왜 아무 말도 못해?" 같은 식의 비난은 좋지 않다. 당사자의 배경과 현재 상태를 고려해, 그가 자신에게 맞는 방식으로 대응할 수 있도록 적절한 방법을 함께 찾아가는 것이 필요하다.

'적당한 긴장감'을 유지하라

타인과의 관계에서 자신을 지나치게 낮추거나 필요 이상으로 개방하는 태도는 건강한 인간관계를 방해한다. 상대방의 의도와 상관없이 먼저 빗장을 풀 필요가 없다는 말이다. 우리는 낯선 사람을 만날 때, 친밀하지 않은 사람을 만날 때 긴장감이 생긴다.

상대가 어떤 사람이고 어떻게 대해야 할지 가늠하기 위해, 적절한 긴장을 유지하면서 상대를 파악해야 한다. 적정한 수준의 긴장은 건강한 관계에서는 필수다. 편하게 느끼는 관계가 아예 긴장이 없다는 것은 아니다. '경계나 한계', 그러니까 어느 정도의 선을 지키면 되는지 아는 관계를 말한다.

선을 넘지 않으면 큰 문제가 되지 않음을 알기에 한계 내에서 편안함을 느낀다고 해야 할까. 보이지 않던 긴장 관계가 무너지면서 문제가 생기는 일이 있다. 평소 억눌려 있던 공격적인 감정이나 적대감이 약해졌을 때 드러나는 경우도 있다. 이런 행동은 본인도 인식하지 못한 채 나타나기도 한다. 그래서 어려운 상황이 되면 뜻밖의 사람에게서 상처를 받거나 가까운 사이일수록 실망감이 더 크게 느껴질 수 있다.

또한 노약자나 장애가 있는 사람들은 자신을 적극적으로 보호하거나 상황에 저항하기 어려운 경우가 많아서 위험에 더 쉽게 노출되기도 한다. 요양원 등에서 발생하는 노인 학대 역시 이런 맥락에서 이해할 수 있다. 자신을 방어할 수 없는 위치에 있을 때, 어떤 이들은 그 취약함을 악용하기도 한다. 그렇기 때문에 "저를 함부로 대해도 괜찮아요"라는 식으로 백기투항하며 모든 상황에 무력하게 대응해서는 안 된다. 때로는 침묵을 선택하는 것도 스스로를 지키기 위한 하나의 방식이 될 수 있다. 누군가가 당신을 함부로 대한다면 그와 대화하려고 노력할 필요가 있을까? 대화는 사람과 사람 사이에서 주고받는 일이다.

내가 고등학교에 다닐 때였다. 집으로 전화가 와서 받았는데 당황스러운 일이 생겼다. 다음 전화통화 상황을 보자.

나 여보세요.

전화 속 남성 엄마 바꿔!

나 누구신데요?

남성 그건 네가 알 거 없고, 엄마 바꾸라고!

나 누구인지 알아야 바꿔드리지요. 그냥 전화 바꾸면 제가 혼날 수도 있어요.

남성 여기 ○○교회인데, 어머님한테…(후략)

나 엄마 지금 안 계세요.

나는 "엄마 지금 안 계세요"라고 말하고 나서 전화를 바로 끊었다. 한두 번 전화가 다시 왔지만 받지 않았다. 그 당시에 내가 할수 있는 최선의 방법이었다.

나는 물론이고 내 가족에게 함부로 대하는 태도를 쉽게 용인해서는 안 된다. 나이가 많다는 이유로 반말을 하거나 모욕적인 행위를 한다면, 정중하고도 단호하게 거절해야 한다. 싸우고 싶지 않다면 아예 모른 척을 하거나 대꾸하지 않는 방법도 있다. 그래야 상대도 잘못을 인지하고 올바른 태도로 대할 것이다.

다음은 무례한 태도를 보이는 상대에게 대꾸하지 않는 방법으로 통화하는 상황이다.

전화 속 남성 엄마 바꿔!

나 ….

남성 여보세요? 저기요?

나 네, 무슨 일이신가요?

남성 아, 그게…. 어머님 계신가요?

나 지금 외출중이신데요, 누구인지 알려주시면 전화하시라고 말씀드리겠습니다.

남성 네, 알겠습니다.

감정의 전치와 승화

강해 보이는 사람에게는 마음이 넓은 척하다가 만만해 보이는 사람에게 화를 내는 경우가 있다. '종로에서 뺨 맞고 한강에서 눈 흘긴다'는 속담처럼 강자한테는 아무 말도 못하고 약자에게 분풀이하는 것이다. 이를 '전치'라고 한다. 자기 감정을 전이하고 있음을 자각하지 못한다면 엉뚱한 대상에게 분풀이하는 행위는 반복될 것이다.

부정적인 방식으로 감정을 표출하지 않고 운동이나 예술 활동으로 표출하는 것은 긍정적이다. 영화 〈똥파리〉의 감독은 예술 활동을 통해 공격적인 충동을 표출한 셈이다. 전치는 어디까지나 감정이나 욕구를 다른 대상으로 이동시킨 것일 수 있다. 이보다 더 나아가 사회적으로 용인되는 방식으로 본능적인 욕구를 발전시켰다면, 이는 '승화'다. 전치보다 높은 단계의 심리적 변형 과정을 거친 것이 승화라고 볼 수 있다.

자신을 지나치게 낮추는 태도는 건강한 인간관계를 형성하는 데 방해가 된다. 앞서 언급했듯이 이러한 태도는 타인에게 이용당할 위험을 높이기도 한다. 다만 자기비하는 충분히 극복할 수 있는 문제다. 자신을 존중하는 태도를 갖고, 상대와 대등한 위치에서 관계를 맺으려는 노력이 필요하다. 때로는 지나친 겸손이 예의가 아니라 오해를 불러일으키는 요인이 될 수 있다는 점도 기억해둘 필요가 있다.

자기 인식의 형성에는 부모의 양육 태도가 큰 영향을 미친다. 이상적인 양육은 권위적이며 동시에 민주적인 태도를 갖추는 것이다. 즉 부모가 일정한 기준과 권위를 유지하면서도 자녀와 열린 소통을 하고, 애정과 존중을 바탕으로 관계를 형성하는 방식이다. 반대로 지나치게 방임적이거나 과보호적인 양육은 자녀의 자율성과 독립성을 저해하고, 이는 낮은 자존감으로 이어질 수 있다.

자기비하적인 성향은 성장 과정에서 만들어진 상처의 흔적일 수 있다. 그러나 우리 모두는 언제든 더 나은 방향으로 나아갈 수 있다는 점을 상기해야 한다. 누군가는 "자신과의 싸움에서 이겨야 한다"고 말한다. 하지만 이미 우리는 너무 지쳐 있고 하루에도 수없이 마음이 무너지기를 반복한다. 그러니 오늘 단 하루만이라도 내 편이 되어보자.

"괜찮아. 여기까지 온 것만으로도 잘한 거야. 힘내자!"

솔직하다는 착각,
진솔하게 말하기

말은 생각의 반영이다

1990년대 하이틴 스타였던 배우 이 씨는 결혼 이후 삶에 큰 변화를 맞았다. 갑작스러운 결혼과 빠른 이혼 때문에 대중의 입에 오르내렸다. 당시 보수적인 사회 분위기에서 사람들은 여성에게 더욱 가혹한 잣대를 들이밀었다. 그런데 결혼과 이혼은 지극히 사적인 문제다. 그러므로 개인의 선택을 대중이 평가하는 태도는 경계해야 한다. '갑작스러운 결혼과 이혼'만 사실일 뿐이다. 현재 시점에서 보면 개인적인 일이 유명인이라는 이유로 입방아에 오를 일인가 싶다.

이 씨는 훗날 딸과 둘이 생활하며 SNS를 활발히 했다. 문제는 SNS에 올라오는 사진과 글이었다. 스스로를 희화화하거나 조롱하는 듯한 모습, 타인에게 불쾌감을 줄 수 있는 직설적인 언행이 논란을 일으켰다. 자기는 그 언행이 재밌을지언정 보는 사람들은 당황스러웠고 불편했다.

우리 사회에는 솔직함이 곧 당당함이라 여기는 것 같다. 그래서 개인의 감정과 생각을 여과 없이 표현하는 것이 미덕인 양 여긴다. 솔직함이라는 이름으로 남에게 상처를 주거나 무례한 행동을 정당화해서는 안 된다.

정성스럽게 만든 음식이지만 맛이 없다면 어떻게 말해야 할까? "이 음식은 정말 형편없네요. 이런 음식은 도저히 먹을 수 없어요!"라고 말하는 게 솔직함일까? 아니면 "정성껏 만들어주셔서 감사합니다. 제가 배가 불러서 많이 못 먹겠네요"라고 말하는 게 배려일까?

돈을 주고 사먹는 경우라도 맛이 없으면 대다수는 이럴 것이다. 숟가락을 조용히 내려놓고 마음속으로 '다시는 오지 말아야지'라고. 주인이 "맛있게 드셨나요? 왜 안 드셨어요?"라고 물으면 솔직하게 대답하기보다는 완곡하게 돌려서 표현한다.

우리는 아이들에게도 속마음을 그대로 드러내거나 표현해서는 안 된다고 가르친다. 그래서 아이들 역시 썩 마음에 들지 않아도 억지 미소를 지으며 속마음을 감춘다. 이런 행동은 다른 문화권에서도 공통된 현상으로 보인다.

한국의 음식을 홍보하는 한 방송 프로그램에서 한식을 처음 맛본 외국인에게 음식 맛이 어떤지 물어보았다. 그런데 외국인은 음식의 절반도 안 먹었는데, "음식이 맛있다"라고 했다. 그러고는 조금 전에 음식을 먹고 왔다며, 정확하게 본인의 생각을 밝히지 않는 듯한 모습이었다. 그 외국인은 다른 문화와 음식에 대해 혹평을 하면서까지 분위기를 망치고 싶지 않았을 것이다.

이와 반대로 속마음을 그대로 드러내는 사람도 있다. 마음을 적나라하게 보여주면 본인은 후련할 수 있다. 특히 화가 나거나 감정이 격해져서 이 말 저 말을 하고는 후회하고 사과하는 사람이 있는데 소용없다. 내뱉은 말은 주워 담을 수 없다. 엎질러진 물과 같다.

어떤 사람들은 "내가 말주변이 없고 생각 없이 한 말이니 신경 쓰지 마세요"라고 한다. 이게 맞는 말일까? 반은 맞고 반은 틀리다. 비고츠키는 '사고는 내적인 언어'라고 했다. 그만큼 생각과 언어는 불가분의 관계다. 우리가 무의식적으로 내뱉은 말 같아도 실제로는 매우 복잡한 과정을 거쳐서 나온 것이다.

식당에서 먹은 음식이 너무 맛이 없다고 치자. 주인에게 항의를 하려면 일단 음식을 먹고 난 다음 '맛이 없다'라는 판단이 서야 한다. 그러고는 주인에게 '음식이 맛이 없어서 먹기가 힘들다'라는 생각을 전달하기 위해 뇌의 전두엽 등 여러 부위가 활성화되어야 한다. 앵무새처럼 소리를 듣고 모방하는 것이 아니라면 '생각 없이 말하는 것'은 사실상 불가능하다.

생각 없이 한 말이라며 잘못을 어물쩍 넘기려는 사람이라면 신중하지 못한 사람이다. 게다가 말과 행동에 책임을 지려고 하지 않는 사람이기 때문에 말실수는 반복되기 마련이다. 그러므로 생각 없이 말한다는 것은 심사숙고하지 않았음을 의미한다. 즉 좀 더 사려 깊고 다층적이며 종합적인 사고를 하지 않았다는 것이다. 말과 행동을 하기 전에, 감정적이고 즉흥적으로 발산하기 전에 인지적인 관여가 적절히 이루어지고 있는지가 '그 사람이 얼마나 성숙하고 책임감 있는지'를 가늠하는 데 중요한 요소가 된다.

내가 원주로 이사를 간 후 시작한 일이 있다. 막걸리를 직접 만들어 먹는 일이다. 한 달에 한 번꼴로 막걸리를 직접 만든 것 같다. 친구나 지인이 오면 그 막걸리를 같이 마시는 재미가 쏠쏠했다. 조금은 투박한 맛이지만 쌀과 누룩만으로 만든 것이라 순수한 맛이 있었다. 그런데 어떤 이는 내가 만든 막걸리를 맛보고는 대뜸 "맛없어. 안 먹어!"라고 하는 게 아니겠는가. 조금 아쉬운 마음이 들었다. 기왕이면 "막걸리가 좀 신맛이 나네. 내 입맛에는 잘 맞지 않아"라고 했으면 어땠을까.

감정의 해소와 성숙한 대화

앞서 말한 배우 이 씨 이야기로 돌아가보자. 나는 그녀의 이야기를 듣고서야 속마음을 이해할 수 있었다. 그녀는 아주 어릴 때부터 엄마 손에 이끌려 각종 CF나 드라마에 출연했다. 또래와 어울리며 놀고 공부할 시기에 밤낮없이 방송 일을 했다. 어렸지만 실질적인 가장 역할을 한 셈이었다. 이건 그녀가 원했던 것도 아니었다.

그런 생활은 어린아이에게는 너무 무거운 짐이었을 것이다. 그래서 자신을 돌봐줄 누군가가 필요했다고 한다. 결혼으로 안정적인 삶을 꿈꿨지만 현실은 달랐다. 결혼은 도피처가 될 수 없었다. 오히려 현실의 벽을 맞닥뜨리는 일이었다.

그녀는 전통적인 여성상을 내면화한 사람이라는 생각이 들었다. 어린 시절 아버지를 잃고 소녀 가장의 역할을 어쩔 수 없이 맡게 되었지만, 내적으로는 보호받으려는 욕구가 강했을 것이다.

과거에는 '여성은 결혼을 통해서만 안정된 삶을 꾸릴 수 있다'라는 통념이 있었다. 이는 당시 사회 분위기에서 당연한 생각이었다. 그러나 지금은 세상이 변했다. 20대 남녀의 경우, 예전과 다른 성평등 인식을 보이고 있다. 20대 여성은 "성차별을 겪지 않는다"라고 말하는 경우가 있는 반면에 20대 남성은 "역차별을 당하고 있다"라고 주장하는 경우가 있다. 물론 이는 실제 남녀 성평등을 의미한다기보다는 20대 여성과 남성이 주관적으로 느끼는 것으로, 여전히 "차별을 당한다"라고 느끼는 여성의 경우도 많다.

출생률이 역대 최저인 0.7명까지 떨어졌다. 이는 젊은 부부들이 한 자녀만 두거나 자녀가 없는 경우가 많다는 뜻이다. 아들과 딸의 구분이 무의미해진 상황에서 자란 아이들이기에 남녀차별에 대한 인식이 이전 세대와 다를 수밖에 없다. 특히 요즘 젊은 세대의 여성들은 고학력인 데다가 능력을 갖춘 사람들이 많다. 굳이 남성에 기대어 살 이유가 없어졌다.

그럼에도 전통적인 여성상을 바탕으로 세상에 순응하며 살아가는 이들이 있다. 대개 자기 주장을 펼치지 않고 수동적이며 자기 연민에 빠져 있는 경우가 많다. 드라마나 영화에서는 멋진 왕자님이 나타나 이들을 구원해준다. 그런데 현실에는 없다. 우스갯소리이지만 넘어졌을 때 밟고 지나가지나 않으면 다행이다.

그녀는 속마음을 털어놓으며 눈물을 흘렸다. 이때 눈물에는 여러 의미가 있다. 갑작스레 흐르는 눈물에 당황할 때도 있다. '왜 눈물이 나지?'라고 천천히 되돌아보며 '아, 내가 이랬구나. 힘들었구나'라고 생각한다. 처음에는 하염없이 흐르는 눈물에 당황스럽다가도 나를 치유해주는 치유제가 되는 것이다.

감정은 워낙 힘이 세서 억제하려고만 해서는 안 된다. 공을 누르면 한쪽은 찌그러지지만 반대편은 부풀어 오르는 것처럼, 그러다가 '펑' 하고 터질지도 모른다. 터지기 전에 바람을 빼면 조용히 사그라진다. 재미있는 것은 억압하고 부정할수록 감정의 힘은 강해지고, 있는 그대로 바라보고 인정할수록 힘을 잃는다.

'눈물'은 자신의 생각과 감정을 바라보도록 하는 데 도움을 준다. 눈물을 충분히 흘리고 나면 비로소 감정이 가라앉고 이성이 작동한다. 가슴속 응어리가 풀리면 '내가 뭐가 문제이고 그다음은 어떻게 해야 할지'를 고민한다. 자기 연민은 도움이 안 된다.

자기 연민에 빠져서 '내 팔자는 왜 이 모양일까?'라고 생각하는 사람과 그렇지 않은 사람의 차이는 극명하다. 무엇을 근거로 팔자가 좋다 나쁘다 할 것인가? 우리는 모두 한 번뿐인 삶을 살아간다. 중요한 것은 주어진 삶 속에서 최선을 다해 인생의 주인공으로 살아가는 것이다. 이 과정에서 타인과의 관계를 원활하게 유지하기 위해 '진정성 있는 말하기'가 필수다.

진정성 있게 말하기는 자신의 감정과 생각을 들여다보고 이해하는 것에서 출발한다. 자신의 감정과 생각을 명확히 알아야 제대로 표현할 수 있다. 그렇다고 해서 있는 그대로 드러내는 것은 아니고, 상대방에 대한 배려와 책임감을 바탕으로 한 태도가 반드시 뒷받침되어야 한다.

티(T)라미숙해?
소통과 익살

언어를 갖고 놀수록 표현도 풍부해진다

다음은 한 소년과의 대화 장면이다.

> **소년** 선생님, 집에 갔더니 웬일로 엄마가 진수만찬을 차려놨더
> 라고요.
> **나** 진수성찬이겠지.

어느 날은 아이가 선생님은 머리가 진짜 나쁘다며 이렇게 말
했다.

소년 선생님, 그 머리는 어디다 쓸 거예요? 머리 좀 굴려요.

나 너무 버릇없이 말하는 거 아니니? 어른한테는 말조심해야 한단다.

소년 알아요. 낮말은 새가 듣고 밤말은 쥐가 듣는다면서요.

눈보라가 치는 날, 차로 집에 데려다주려고 나갔을 때였다.

소년 선생님, 금상첨화네요. 눈과 비가 함께 오다니.

나 설상가상이겠지….

아이가 틀린 표현을 할 때마다 내가 어이없어 하며 정정해주면, 아이는 뭐가 좋은지 키득키득 웃어댔다. 의도적으로 나를 웃기려고 말실수를 한 것은 아니다. 많은 사람들이 부정확하게 발음하거나, 다른 음절로 대치하거나, 상황이나 맥락에 맞지 않은 말을 하는 등의 실수를 한다. 자신도 모르게 실수를 하면서 웃음을 자아낸다.

심리학자 지그문트 프로이트(Sigmund Freud)는 말실수조차 의도된 것일 수 있다고 보았다. 유명한 예로 국회의장이 개회사를 하면서 "국회가 폐회되었음을 선언합니다"라고 말한 일이 있다. 아마도 그는 회의를 빨리 폐회시키고 싶었던 게 아닐까? 그의 심리가 말실수로 연결되었을 가능성이 높다.

의도적이든 아니든, 잘못 표현되거나 상황에 맞지 않는 엉뚱한 말은 사람들을 웃게 한다. 의도적으로 말을 바꾸는 방법이나 일종의 말장난은 언어유희다. 이를 특별히 즐기는 사람들도 있다.

언어는 뇌가 잘 기능해야만 원활하게 표현된다. 여기에 한술 더 떠서 '언어를 가지고 논다'는 것은 분명 상위의 기능을 요구한다. 상위의 기능을 이해하기 위해서는 어느 정도 기본적인 인지능력이 요구된다.

언어유희는 동음이의어나 각운 등을 이용해 좀 더 재미있게 말을 꾸미는 행위다. 화장실에서 아이가 엄마에게 "엄마, 휴지 떨어졌어요"라고 했다. 그러자 엄마가 "그럼 주워라"라고 답하는 식의 유희가 동음이의어를 활용한 예다. 언어유희는 아이들에게 흥미를 유발하고 한 번 더 생각할 기회를 갖도록 한다는 점에서 긍정적이다. 또한 언어 표현을 보다 풍부하게 만들고 수수께끼나 속담을 이용해 은유적인 표현을 이해하며 익힐 수 있다는 점에서도 유용하다. 성인에게는 닫혀 있는 사고를 전환시켜 유연한 사고를 하게 하고, 삶에 여유를 준다. 일상에서도 끝말잇기, 난센스 퀴즈 등의 형태로 자주 사용된다.

2030세대를 중심으로 MBTI 열풍이 일고 있다. 선호 경향성이 무엇인지, 어떤 유형인지에 그치지 않고 그들만의 언어로 소비되고 있다.

예능 프로그램 〈SNL 코리아〉에 한 배우가 출연했다. 그녀는 대화 중에 갑자기 "니 남친, 티(T)라미숙해"라고 말하면서 춤을 추었다. 난데없는 말과 행동에 상대는 당황했다. 나는 이 장면을 보고는 무슨 의미인지 몰라서 어리둥절했었다. 자꾸 되뇌어보니, '티라미수 케이크'를 '티(T)라미숙해'라고 재미있게 풀어낸 걸 알았다. 어떤 광고에서는 아빠가 화가 난 딸에게 "아빠 티(T) 맞아, 너만의 티"라고 하며 차를 끓여주는 장면이 웃음을 자아냈다.

말장난, 유머, 농담 등을 포괄하는 용어가 언어유희다. 정신분석이론에서는 유머를 개인에게 불안과 갈등을 일으키게 하는 무의식적인 소망에 대한 성적 또는 공격적인 수단으로 본다. 이러한 충동들을 직접적으로 표현하는 것이 사회적으로 금기시되기에, 유머는 간접적이고 사회적으로 용인되는 방식으로 표현된다.

유머는 성숙한 방어기제다

오래전 일이다. 외향적이고 사교적인 친구가 있었다. 그 친구는 처음 보는 사람이라도 어색함 없이 자연스럽게 대화를 이끌어갔다. 누구든 친구로 만드는 놀라운 능력의 소유자다. 그래서 처음에는 친구 주변이 늘 사람들로 북적였다. 흔히 하는 말로 '인싸'였다. 그런데 시간이 지날수록 자기 마음대로 한다거나 무례하게 행동하는 게 아니겠는가. 친구들은 하나둘씩 멀어져갔다. 그러던 어느 날, 나를 친구들 앞에서 망신을 주고 싶었는지 친구가 이렇게 말하는 게 아닌가.

친구 너, 뒤로 호박씨 까지 마.

나 (웃으며) 그럼 너는 호박씨를 앞으로 까니?

예상치 못한 대답에 당황한 건 친구였다. 평소에 친구의 행동이 마음에 안 들기는 나도 마찬가지였던 터라 응수했는데, 친구는 어이가 없다며 웃기 시작했다. 중요한 것은 그런 반응에 신경 쓸 필요가 없다는 거다. 나는 아주 무심한듯 옆에 있던 친구에게 "우리 커피 한잔하러 가자!" 하며 그 자리를 떠났다. 친구와 커피를 마시고 돌아오니 그 친구는 얼굴이 홍당무가 되어 울기 직전이었다.

다음은 드라마 〈더 글로리〉의 한 장면이다.

남선생 난 너 같이 드센 년들이 정말 싫어!

동은 취향 존중합니다!

화내는 사람이 지는 거다. 정해진 룰은 없지만, 화를 내면 옹졸해 보인다. 만약 "호박씨를 내가 왜 까? 그러는 너는 뭐 어쩌고저쩌고" 한다거나 "드센 년이 싫다"라는 말에 "지금 욕한 거예요?"라고 정색하며 받아치면 말싸움이 된다.

상대방의 말을 그대로 되받아치면 어떤가? 오히려 상대는 당황하고 말싸움은 종료된다. 주변 사람들에게는 웃음을 주니 일석이조 아닌가. 물론 처음부터 이렇게 반응하는 게 쉽지 않다. '이렇게 할걸' 하고 후회했던 적이 한 번이라도 있다면 집에 가서 조용히 연구하고, 비슷한 상황이 한두 번 반복되면 능청스럽게 상황을 반전시키는 자신을 발견할 것이다.

유머는 승화와 함께 성숙한 방어기제로 분류되며, 개인이 자아를 위협하는 상황이나 불편한 감정을 완화하는 데 도움을 준다. 유머는 현실의 긴장을 다른 시각으로 재구성함으로써 감정을 조절하고 사회적으로 용인 가능한 방식으로 표현하게 해준다. 이 과정에서 사람들은 심리적 해소감을 느낄 수 있다. 유머는 억제된 충동이나 감정을 안전하게 표출하는 수단이라는 점에서 가치가 있다.

유머와 인지적 노력

인지적 관점에서 유머는 '불일치를 이해하는 능력'으로, 사물의 특성을 파악하고 의미를 재구성하는 과정에서 반전의 즐거움을 경험하게 한다. 이때 발생하는 부조화, 즉 기대와 다른 결말에서 발생하는 불일치를 인지적으로 해석하는 능력이 중요하다. 이를 위해 기본 지식과 사회문화적 배경에 대한 이해가 필요하다.

예를 들어 '호랑이와 곶감이 달리기 시합을 했다. 누가 이겼을까?'라는 난센스 퀴즈가 있다. 답은 무엇일까? 답은 '곶감(곧 감)'이다. 이를 이해하려면 〈호랑이과 곶감〉이라는 전래동화를 알고 있어야 하고, 적어도 곶감이 무엇인지 알고 있어야 한다. 한국인에게 호랑이와 곶감은 친숙한 단어라 쉽게 연상되는 조합이다. 다만 외국인에게는 낯설다. 게다가 '곶감'과 '곧 감'의 관계를 이해할 수 있는 지식도 필요하다.

배우이자 영화감독인 찰리 채플린(Charles Chaplin)은 "유머, 멀리서 보면 희극, 가까이서 보면 비극이다"라고 했다. 유머나 농담에는 대인관계에서 적대감을 낮추고 개인이나 집단의 사기를 유지하는 기능이 있다. 유머를 포함한 언어유희는 불안이나 긴장 등 스트레스를 해소하는 데 도움을 주고 사회적 상호작용을 촉진한다. 때로는 개인의 우월감을 과시하는 수단으로 사용되거나 문제 해결에 도움을 준다. 삶이 팍팍하더라도 여유를 가지기 위해 유머는 필수 능력이 아닐까?

(PART 2)

언어

LANGUAGE

언어는 인류의 기억이다.
언어는 모든 시대를 관통하여
하나의 공통선상에 묶어준다.
또한 전진하는 존재로 연결하는
생명의 실오라기나 신경과도 같다.

: W.스미드

언어는 우리의 무의식에 어떻게 작용하는가?

인간의 존엄성에 대한 경고

에드워드 애슈턴의 SF 장편소설 『미키7』은 죽고 태어남을 반복하며 임무를 수행하는 존재, '미키'를 통해 복제와 정체성, 그리고 인간의 존엄성에 대해 본질적인 질문을 던진다. 이 소설을 원작으로 한 영화 〈미키17〉은 사람들에게 더 큰 관심을 불러일으켰다.

다음은 소설 『미키7』의 일부를 발췌·수정 요약한 부분이다.

지금껏 죽어본 중에 가장 멍청한 죽음을 맞이하게 될 것 같다. 왼발이 허공을 디디면서 그대로 추락했다. 다시없을 가장 멍청

한 죽음이다. 통증을 느낀다는 건 내가 아직 살아 있다는 뜻이
겠지? 베르토가 아직 가까이 있는지 신호가 약하게 잡힌다.

미키7 베르토, 메시지 확인돼?

베르토 살아 있네? 대체 왜 그랬어?

미키7 바위를 구경하고 있었어.

베르토 바보같이 죽게 생겼네.

미키7 날 구해주면 안 될까?

베르토 안 되겠는데….

미키7 왜?

베르토 익스펜더블에 그만한 희생을 할 이유가 없잖아.

미키7 그 익스펜더블이 네 친구인데도?

베르토 왜 이래? 진짜 죽는 것도 아니잖아.

　　미키는 원숭이처럼 생긴 바위를 구경하다가 사고를 당한다. 임
무 외에 다른 것에 관심을 갖다가 다친 것을 그는 '멍청하다'고 표
현하며 살아 있음을 '고통'을 통해서 지각한다. 그에게 살아 있다
는 것, 산다는 것은 무슨 의미인가. 그의 동료 또한 친구의 죽음을
무심히 바라보며 위험을 감수할 이유가 없다고 한다. 동료로서 친
구로서의 미키가 아닌 익스펜더블로서 그를 바라볼 뿐이다.
　　소설 속 익스펜더블은 죽음을 무릅쓰는, 예를 들어 생체실험
대상자 같은 일을 하기 위해 소모품처럼 쓰이는 작업자를 의미한

다. 그가 임무 외의 것에 관심을 가졌다가 발을 헛디디고 죽음에 이른 것을 '멍청한 죽음'이라고 자조할 만큼 무가치한 것인지 의문을 갖게 한다. 개인의 자율성과 인간의 호기심은 소모품으로서의 값어치보다 못한 것으로 여기는 사회의 단면을 보여준다.

소설 『미키7』에서는 인간복제 기술이 등장한다. 그 기술을 통해 미키는 끊임없이 복제되고 영생을 약속받는다. 이는 자연 생태계의 생명 순환을 연상시킨다. 가령 자연의 생태계를 거대한 3D 프린터로 볼 수도 있다. 봄이 오면 같은 장소에서 작년에 피었던 꽃과 풀이 다시 자라고, 다양한 생명체가 탄생한다. '벌써 봄이 오네' 하고 생각했던 때가 엊그제 같은데, 이들은 때가 되면 피고 지기를 반복한다. 그 자리에 새로운 생명이 태어나지만, 자연 속 삶과 죽음은 자연계의 자연스러운 순환의 일부로 받아들여져 누구도 이를 슬퍼하지 않는다. 이는 자연에서는 누구도 누구를 위해 희생되거나 소모되지 않기 때문이다. 그러나 인간 사회에서는 개인이 '소모품'처럼 느껴지는 상황이 빈번하게 발생한다. 현대사회에서 인간의 가치에 대해 생각하게끔 만든다.

미키가 '필요 없어져서 쉽게 버려지는 존재'로 그려진다면, 이는 현대사회에서 개인이 얼마나 쉽게 대체될 수 있는지를 은유하는 것이다. 시스템의 효율성과 필요에 따라 인간이 기계 부품처럼 취급되는 현실이다. 이러한 현실에서 우리는 자신의 존재 가치를 어떻게 찾아야 할까?

특히 봉준호 감독이 영화화한 〈미키17〉에서는 원작 『미키7』에서의 숫자를 '17'로 수정했다. 그 나름의 의미가 있다고 하는데, 이를 통해서 어떤 메시지를 전달하고자 하는지 궁금하다. 미키17과 18이 각자 자신의 존재 가치를 찾을 수 있을지, 아니면 시스템의 논리에 휩쓸려 결국 소모품처럼 처리될 것인지에 대한 궁금증은 독자들의 몫으로 남긴다.

원작 소설과 영화는 단순히 복제와 정체성의 문제를 넘어, 현대사회에서 개인이 느끼는 불안, 소외감, 존재 의미에 대해 깊은 통찰을 제시한다. 미키가 죽고 살아나기를 반복하면서도 기억이 보존되는 설정은 자연 속에서 수많은 개체들이 죽고 태어나며 축적된 경험들이 무언가의 흔적으로 남는 것과 유사한 심리학적 개념을 떠올리게 한다.

분석심리학자 융은 프로이트가 제시한 리비도(libido)의 개념을 확장해 성적 에너지에 한정하지 않고, 보다 보편적이고 창조적인 생명 에너지로 이해했다. 그는 개인의 경험에서 비롯된 '개인 무의식' 외에도 인류 전체가 공유하는 '집단 무의식'을 제안했다. 이는 세대를 넘어 축적된 원형(archetype)과 감정, 사고, 행동의 경향들이 무의식적으로 영향을 미친다는 개념이다.

융만의 독특한 개념인 집단 무의식은 동물 조상으로까지 거슬러 올라간다. 오랜 세월을 거쳐 인류의 경험이 축적된 결과물, 즉 진화의 역사로 인해 몸의 구조뿐 아니라 감정, 생각, 행동의 무의식적 성향들도 공통적으로 가지고 태어난다고 생각했다.

융의 집단 무의식은 인류가 공유하는 보편적 기억과 원형들로 구성되는데 대표적인 예로 '모성'이 있다. 이는 개인의 경험을 넘어 인류 역사와 문화 속에서 공통적으로 나타나는 무의식적 요소들로 설명된다. 아버지의 아들, 어머니와 딸, 그 자식들의 자식으로 이어지는 무수한 경험들의 축적이 현재의 우리들에게도 면면히 이어지고 있다.

다윈의 진화론과는 다른 차원이지만, 두 개념은 보완적인 방식으로 작용한다. 다윈의 진화론은 생물학적 적응과 물리적 변화에 초점을 맞추며, 자연선택과 적자생존을 통해 개체의 유전적 변화가 이루어진다고 설명한다. 반면에 융의 집단 무의식은 심리적 차원에서 인간의 정신적 진화와 경험의 축적을 설명한다. 개인의 경험이 유전자에 직접 영향을 미치지는 않지만, 인류 전체의 무의식에 축적되어 상징과 본능, 문화적 요소로 나타난다고 본다.

소설 『미키7』과 영화 〈미키17〉의 이야기가 마냥 비현실적으로 느껴지지 않는 이유는 무엇일까? 우리 사회에도 인간의 가치를 소모품처럼 여기는 사례가 자주 발생하기 때문이다. 2022년 제빵 공장에서 20대 여성 근로자가 기계에 끼여 사망한 사건[13]은 이러한 현실을 극명하게 보여준다. 사고가 난 기계를 흰 천으로 덮어둔

---

13 SPC 계열사인 SPL 제빵 공장에서 20대 근로자가 샌드위치 소스 배합기에 끼여 숨진 사건으로, 재판에 넘겨진 강동석 전 SPL 대표이사가 1심에서 징역형의 집행유예에 처해졌다. 강 전 대표는 지난 2022년 10월 15일, 경기 평택시 소재 SPL 제빵 공장 냉장 샌드위치 라인 배합실의 안전관리를 소홀히 해 근로자 A씨(당시 23세, 여)가 샌드위치 소스 배합기에 빨려 들어가 숨지게 한 혐의로 2023년 8월 기소됐다. 출처: 〈뉴스1〉

채 공장은 계속 가동되었다. 이는 인간의 존엄성이 경제적 효율성
에 밀려나는 사회의 단면을 적나라하게 드러냈다.

　상황을 묵묵히 받아들이는 사회 구성원들의 모습은 미키의 상
황과 오버랩된다. 미키처럼 순진하고 착한 사람들은 사회 구성원
으로서 맡은 일을 묵묵히 하며 그 사회를 지탱한다. 이들이야말로
시스템의 보호를 받아야 하는 사람들이다. 법 없어도 살 수 있는
사람들이 현실에서는 법의 보호가 가장 필요한 사람들이다.

　한편 시스템의 효율성과 경제적 이익이 인간의 생명과 가치를
대체할 수 있다는 착각이야말로 이 소설과 영화가 우리에게 던지
는 경고이기도 하다.

언어는 우리를 잇는 실이다

2024년 노벨문학상을 수상한 한강 작가는 강연에서 "세계는 왜 이
토록 폭력적이고 고통스러운가? 동시에 어떻게 이렇게 아름다운
가?"라는 질문을 던지며, 문학을 통해 이에 대한 답을 찾아왔다고
밝혔다. 그녀는 언어가 우리를 잇는 실이며, 이를 통해 삶을 기록
하고 미래를 향해 나아갈 수 있다고 강조했다.[14] 이는 『미키7』이

14　YTN뉴스, https://n.news.naver.com/article/052/0002124749

제시하는 인간 정체성에 대한 질문과도 연결된다. 언어를 통해 기억을 전달하고 과거의 경험을 공유함으로써 우리는 단순히 반복되는 존재가 아닌, 역사와 문화를 창조하는 존재가 될 수 있다.

『미키7』은 단순한 SF 소설이라기보다 인간 존재의 의미와 가치에 대해 철학적인 질문을 던지는 작품이다. 시스템 속에서 인간이 대체 가능하거나 소모품처럼 취급되는 현실을 반영한다. 이를 통해 우리가 지켜야 할 가치와 방향을 고민하게 만든다.

과거의 경험이 미래를 구할 수 있을까? 한강 작가의 작품과 소설 『미키7』이 던지는 질문은 모두 한 방향을 가리킨다. 인간은 복제되거나 대체 가능한 존재가 아니라, 경험을 통해 성장하고 미래를 만들어갈 수 있는 존재다. 우리는 과거의 실수를 반복하지 않도록 역사적 기억을 공유하고, 현재의 문제를 직시하며, 더 나은 미래를 향해 나아가야 한다.

한강 작가는 과거의 흔적과 상처가 단순히 지나간 것이 아니라 현재와 미래에 영향을 미칠 수 있음을 강조했다. 미키의 기억이 반복된 삶에서도 보존된다는 설정은 과거의 경험이 단절되지 않고 이어지며, 이는 집단 무의식의 작용과도 닮아 있다.

과거로부터 배우는 게 가능할까? 최근 우리 사회에서 벌어진 사건들을 보면, 과거의 경험과 비슷한 상황에서도 사람들은 희망을 놓지 않는다. 역사 속에서 축적된 교훈이 집단 무의식으로 작용하며, 우리는 같은 실수를 반복하지 않으려 노력한다. 이러한 변화는 외적인 발전을 넘어 내적인 성숙과 사회적 가치의 재정립으로 이어지고 있다.

많은 동물들은 학습하지 않아도 특정 행동을 수행한다. 새의 이주, 거미의 거미줄 짓기, 개미의 사회적 행동 등은 종(species) 차원에서 축적된 경험이 유전적 메커니즘을 통해 전해지는 것이다. 침팬지나 돌고래 같은 고등동물은 사회적 학습을 통해 지식을 전수한다. 침팬지 사회에서 도구 사용법을 배운 개체가 그 기술을 후대에게 전달하는 현상이 그렇다.

곤충과 동물은 페로몬이나 몸짓, 소리로 정보를 주고받는다. 이는 일종의 무의식적 정보 전달로도 볼 수 있다. 이러한 측면에서 모든 생명체가 각자의 방식으로 종 차원의 무의식을 가지고 있을 수 있지만, 이는 인간의 집단 무의식처럼 상징적인 원형의 형태라고 보기는 어렵다.

인간의 집단 무의식이 다른 생명체와 차별화되는 중요한 이유가 있다. 바로 '언어(language)'다. 언어 자체는 대표적인 상징으로, 인간은 언어를 통해 추상적인 개념과 상징을 만들 수 있다. '어머니'라는 단어는 생물학적 의미를 넘어 '양육, 보호, 창조'의 원형을 내포한다.

언어는 경험과 지식을 문서, 구전, 이야기를 통해 다음 세대에 전달하는 가장 강력한 도구다. 이는 인간의 집단 무의식이 단순한 본능을 넘어, 문화적 차원까지 확장될 수 있고 언어를 통해 감정과 경험을 공유함으로써 공동체적 또는 집단 기억(collective memory)을 형성할 수 있다.

우리 사회에서 IMF 경제위기, 세월호 참사, 이태원 참사 등은 사람들에게 집단적 트라우마를 일으켰다. 각종 사건 사고가 미디어를 통해 공유되고 재구성되었다. 12·3 계엄은 이를 극명하게 보여주는 사건이다. 계엄 선포가 각종 미디어를 통해 알려졌고, 동시에 시민들에 의해 진압되었다. 그리고 대통령 탄핵에 이르는 과정은 과거 독재 시절을 거치며 직간접적으로 겪어온 피와 땀이 헛되지 않았음을 보여준다.

나와 일면식도 없는 과거 누군가의 희생이 지금의 우리와 실처럼 연결되어 있다. 그로 인해 수혜를 받고 있음을 깨달으며 매일을 살고 있다. 그 연결고리에 언어라는 거대한 힘이 자리하고 있음을 깨달았다. 인간의 언어는 소통을 위한 수단으로, 정보를 서로 공유하며 보다 안전한 사회로 나아갈 수 있게 묶어주는 역할을 한다.

인간은 생명의 순환을 자연의 섭리로 받아들여야만 했다. 삶과 죽음을 신의 뜻이나 운명이라고 받아들여야 했다. 그러나 우리는 머지않아 그 순환을 '재구성'하거나 '개입'할 수 있는 위치에 설지 모른다. 이는 새로운 시대의 도래를 알리는 동시에 전례 없는 윤리적 질문을 던지게 한다.

만약 인간이 생사의 순환을 인위적으로 재현하거나 통제할 수 있다면, 우리는 그 기술을 어디까지 허용해야 할까? 단지 인간의 이익과 생존을 위해 생명을 복제하거나 기억을 이식하는 것이 정당화될 수 있을까? 이런 질문은 SF를 넘어, 우리가 살아가는 현실에서 맞닥뜨릴 문제다.

죽음을 기억하는 자, 미키 - 그리고 나의 기억

"지난 8년간 나는 6번 죽었다. 지금쯤이면 익숙해졌을 거라 생각할지도 모른다"라는 대사에서 알 수 있듯이 『미키7』 속 미키는 죽고 태어남을 반복한다. 육체가 사라져도 기억은 복제된 몸 안에서 계속 이어진다. 그는 죽음이 끝이 아니라는 걸 알고 있다. 아마도 그에게 죽음이란 끔찍한 악몽을 꾼 것처럼 잠을 자고 일어나면 그만인 루틴에 불과할지도 모른다. 그렇다고 그가 죽음을 두려워하지 않는다는 것은 아니다. 익스펜더블로서의 삶을 받아들이는 순간 죽음과 삶의 반복은 피할 수 없었고, 담담하게 보이는 태도는 일종의 체념일 수도 있다.

그의 태도가 묘한 감정을 일으켰다. 불안, 안도, 의문, 그리움과 같은 복잡한 감정들이 얽히면서 여러 생각과 감정들이 벌레처럼 내 머릿속을 마구 헤집고 다니는 것만 같았다.

한편 자신의 죽음을 바라보는 미키의 태도는 무엇일까? 일종의 해리장애(dissocative disorder)로 설명할 수 있다. 해리(dissocative)는 자신, 시간, 주위 환경에 대한 연속적 의식이 단절되는 현상이다. 무언가에 몰두해서 시간 가는 줄 모르거나 주변 상황을 인식하지 못하는 등으로 일상에서 누구나 겪을 수 있는 현상이다.

해리는 자신이 감당하기 어려운 고통에서 자신을 보호하는 적응적 가치가 있지만, 지나치면 해리장애로 이어질 수 있다. 하위 유형으로는 2개 이상의 독립적인 정체감과 성격이 존재하는 '해리성 정체감장애(과거 '다중인격')', 과거 일에 대한 기억 상실인 '해리성 기억상실증', 주변과 자신에 대해 낯선 느낌을 갖는 '이인화/현실감 상실 장애'가 있다. 경험을 반복해도 결코 익숙해지지 않는 것이 있다. 더욱이 죽음을 고통 없이 받아들인다는 게 가능한가?

미키처럼 기억을 간직한 채 새로운 육체로 다시 태어날 수 있다면, 인간은 어디까지가 하나의 '개체'일까? 우리라는 존재는 몸인가 마음인가, 혹은 기억 그 자체인가?

죽음 이후에는 무엇이 기다리고 있을까? 지금은 이해할 수 없는 어떤 '계속됨'일까? 어쩌면 인간이 죽음을 실감하지 못하는 이유는 우리가 사랑했던 사람들의 기억이 언어와 감정, 삶의 흔적 속에서 계속 살아 있기 때문인지도 모른다. 그 기억은 고스란히 나를 구성하는 일부가 되었고, 나는 그 일부와 함께 살아간다.

『미키7』의 작가 에드워드 에슈턴이 묻고, 〈미키17〉의 봉준호 감독이 답하다

SF 소설 『미키7』을 쓴 에드원드 애슈턴의 소개글을 보자.

"그는 아내, 딸들, 시무룩한 모습이 사랑스러운 개 맥스와 함께 뉴욕의 숲속 오두막에서 살고 있다. 여가 시간에는 암 연구를 하고, 침울한 대학원생들에게 양자물리학을 가르치거나 목공예를 즐긴다."

짧은 소개글에 암 연구, 양자물리학, 목공예 등이 나온다. 그의 진짜 정체가 무엇일지 모를 정도로 괴짜라는 생각이 든다. 그런 그가 〈미키

17〉의 감독 봉준호에 의해 다시 한번 주목을 받았다. 괴짜가 괴짜를 알아본 것이다. 소설 맨 뒷부분에는 봉준호 감독과의 1문 1답을 실었다. 세계적인 거장 반열에 오른 봉준호 감독이 자신의 소설을 왜 선택했는지 그 이유가 궁금했을까?

에드워드 애슈턴 『미키7』의 어떤 점이 영화화하고 싶게 만들었나요?
봉준호 인간복제라는 개념이 흥미로웠고, 복제되는 것이 일상적인 노동자 계급의 인물이라는 점도 마음에 들었습니다.

읽기의 즐거움에
빠지다

'읽기'는 왜 어려울까?

중학교 1학년 때였다. 쉬는 시간에 '툭' 하고 책 한 권이 책상 위로 떨어졌다. 누군가가 "너 이거 일주일이면 되겠어?"라고 물었다. 소리가 들리는 방향으로 고개를 돌려보니 짝꿍이었다. 뜬금없었지만 책을 살펴보았다. 그림이나 삽화 하나 없이 글자만 빼곡한 책이었다. 일본 작가가 쓴 통속소설로, 한 여성의 삶을 적나라하게 그린 선정적인 내용의 책이었다. 제목은 기억나지 않지만, 내가 처음으로 읽었던 본격적인 소설이었다.

나는 처음 접한 신세계에 놀라면서도 흥미롭게 책장을 넘겼다.

낯선 문투와 생소한 주제에 당황스러웠지만 이야기에 빠져드는 데는 오래 걸리지 않았다. 밤새워 책을 읽으면서 나는 독서의 즐거움을 처음으로 느꼈다. 일주일 만에 책을 읽고 돌려주자 친구는 기다렸다는 듯 또 다른 책을 내밀었다. 그 친구가 왜 나에게 책을 읽으라고 했는지는 물어보지 않았다. 다만 친구 덕에 '독서'라는 새로운 세계에 발을 들일 수 있었다.

그때만 해도 동네마다 도서관이 있지도 않았고 책도 흔치 않았다. 아버지는 소설 읽기를 쓸데없는 일이라며 마뜩찮아 하셨다. 그래서 나는 용돈을 아껴 책을 사서 읽었다. 당시 문고판 시리즈로 나온 책들은 내 보물 같은 존재였다. 유명 소설가와 철학가의 책을 하나씩 모아 읽는 기쁨은 이루 말할 수 없었다.

나는 책을 읽는 동안 완전히 다른 세계에 빠져들었다. 주인공의 선택을 이해하려고 고민했고, 이야기가 전개되는 이유를 상상했다. 때로는 소설 속 주인공과 대화하기도 했다. 독서는 단순한 즐거움 이상의 의미를 가졌다. 그것은 나의 감성을 풍요롭게 했고, 생각의 폭을 넓혀주었다. 그런 시간이 없었다면 지금의 나는 어떤 모습이었을까.

나를 독서의 세계로 초대했던 친구는 작은 체구에 오밀조밀한 이목구비, 그리고 주근깨가 가득한 귀여운 얼굴을 했다. 짧은 머리에 펑퍼짐한 치마를 입고 낯가림도 없이 누구와도 잘 어울리는 성격 좋은 친구였다. 교복 자율화 시기였기 때문에 우리는 운 좋게도 교복을 입지 않았다. 대신에 귀밑 1cm의 단발머리 혹은 커트

머리를 해야 했고, 봄부터 가을까지는 치마를 입어야 했다. 펑퍼짐한 치마 안으로 체육복을 입고는 청소 시간에 선생님의 눈을 피해 빗자루로 칼싸움을 하기도 했고, 쉬는 시간이면 우동 한 그릇, 떡볶이 한 그릇 먹겠다고 난간을 타거나 담을 뛰어넘는 행동을 서슴지 않았다. 우리는 소년과 소녀 그 어디쯤, 그 경계에서 줄타기를 하고 있었다. 그런 한편 사춘기 소녀의 감성을 가지고 책 속에서 시간을 보낼 수 있었다는 것은 행운이었다.

청소년기는 전두엽이 발달하면서 추상적 사고와 논리적 추론이 가능해진다. 피아제의 인지발달에 따르면 마지막 단계에 해당한다. 이는 성인의 인지수준에 거의 도달했다는 의미다. 언어 능력도 좀 더 고급스럽고 정교화되는 시기다. 이 시기의 언어발달은 성인기로 이어지기 때문에 중요하다.

언어는 말을 포함한다. 말(speech)이 의미를 전달하는 소리라면, 언어(language)는 음성 또는 문자를 수단으로 생각 및 감정을 표현하고 의사를 전달하는 수단 또는 체계다. 언어는 형태, 기능 및 의사소통 규칙 중심의 관용적 방식으로 기호를 사용한다. 구어, 수화, 문어, 그림 등을 포함한다.[15]

말하기는 선천적으로 타고나는 능력으로, 부모나 양육자와의 소통을 통해서 자연스럽게 습득된다. 다만 듣고 따라 말하는 것만

---

15 American Psychiatric Association, 권준수 외 공역(2015), 『정신질환의 진단 및 통계 편람』, 학지사

▲ 언어와 말의 관계

으로는 부족하다. 학교를 갈 시기가 되면 아이는 글을 익히고 읽는 법을 배워야 한다. 그래야 본격적인 학습을 할 수 있고 이를 통해 문명화된 인간으로 성장할 수 있다.

읽기와 쓰기는 인간이 발명한 비교적 최근의 산물이다. 인간은 약 5천 년 전부터 문자언어를 사용하기 시작했다. 읽기는 뇌 속 언어 모듈을 변형시켜 인쇄물을 언어 코드(linguistic code), 즉 음성 코드(phonetic code)로 전환하는 복잡한 과정이다. 알파벳 글자는 생득적인 언어적 의미를 가지고 있지 않으므로, 이를 이해하기 위해서는 반복 학습이 필요하다.

어렸을 때 부모님이 사주신 동화책 전집과 세계문학 전집이 있었다. 동화책 전집은 국내 전래동화이고, 세계문학 전집은 안데르센 동화부터 『소공녀』처럼 제목만 들어도 알 만한 문학작품 모음

집이었다. 아이들이 보기 좋게 삽화가 들어가 있었지만, 작은 글씨들이 빼곡히 담긴 책이었다. 글자를 알기도 전부터 책을 펼쳐보며 그림을 그리거나 색칠을 했다. 그러면서 책 내용을 파악했고, 어느 시점부터 글자가 눈에 들어오기 시작했다.

대부분의 유아들도 그렇다. 동화책을 처음부터 앉아서 읽기 시작하는 게 아니라, 처음에는 장난감처럼 다룬다. 책을 던지기도 하고 탑처럼 쌓기도 한다. 더러는 낙서를 하거나 찢으면서 논다. 책이 너덜너덜해질 무렵이 되어야 아이들이 글자를 읽기 시작한다는 것이다.

뇌에 글자를 인식하는 영역이 처음부터 존재했던 것은 아니다. 눈으로 보고 귀로 들으면서 어느 순간 글자의 형태를 인식하는 것이다. 반복 노출 덕분에 글자의 형태가 익숙해진다. 그다음 엄마와 아빠가 읽어주었던 동화 속 이야기가 오랫동안 기억에 남는다.

문자를 읽는 행위는 단순하지 않다. 읽기는 후천적으로 학습해야 하는 복잡한 과정이다. 읽기는 눈에서 시작된다. 망막의 중심부에 있는 좁은 영역인 중심와(fovea centralis)에서 작은 글자를 변별하고, 이를 해독하기 위해 눈이 계속 움직인다. 망막의 뉴런이 단어를 조각으로 분해하면, 이를 재조합해 하나의 단어로 인식한다. 이 과정에서 2개의 처리 경로가 병렬적으로 작동한다. 음운경로는 문자를 소리로 바꾸고, 어휘경로는 단어 의미를 검색한다.[16]

---

16 스타니슬라스 드앤, 이광오 역(2017), 『글 읽는 뇌』, 학지사

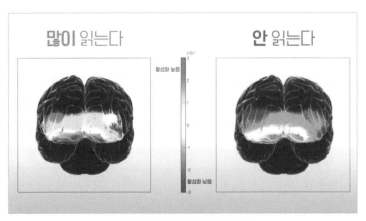

▲ 독서에 따른 전두엽의 발달 차이

뇌의 전두엽은 문자를 처리하고 후두엽은 시각적 정보를 해독하며, 측두엽은 음성학적 소리로 변환한다. 이 과정에서 단어의 의미를 이해하고 기억 속에서 관련 정보를 끌어내는 작업이 이루어진다. 따라서 읽기는 어릴 때부터 반복 훈련을 통해 학습되어야한다. 이를 통해 뇌 속에서 읽기와 관련된 회로가 형성된다.

EBS 〈당신의 문해력〉을 보면, 책을 읽는 사람과 그렇지 않은 사람의 뇌를 비교했다. 그 결과 전두엽과 측두엽의 활성화 정도가 다르다는 사실이 밝혀졌다. 어릴 때부터 독서를 생활화하지 않으면 성인이 된 후에 책을 읽는 것은 어려울 수밖에 없다. 그렇다고 그 핑계로 책 읽기를 포기하란 의미는 아니다.

종이책이 주는 즐거움

어떤 사람들은 책 읽기 대신 영상이나 이미지로도 충분하지 않느냐고 한다. 영상이나 이미지는 시각적 감각이다. 감각은 통상 5개의 감각으로 이루어지는데, 이 감각들 중에서 어느 하나 문제가 발생하면 일상생활이 어려울 수 있다.

친구와 전화통화를 하다가 휴대폰을 찾은 적이 있다. "어, 휴대폰 어디 갔지?" 하고 찾았더니 친구가 "잘 찾아봐!"라며 말했다. 그러고는 동시에 웃음이 터졌다. 자기신체지각에 이상이 생기면 이렇게 웃지 못할 일도 생길 수 있다.

우리는 눈으로 보지 않고도 자신의 팔과 다리의 위치를 안다. 지금 내가 다리를 꼬고 있는지, 주머니에 손을 넣었는지 등을 말이다. 촉각은 오감 중 하나로 알려져 있으나 다른 감각에 비해 매우 다양하다.

신체감각에는 다음과 같은 감각들이 포함된다.[17]

- 피부변형(촉지각 혹은 일반적인 접촉을 의미)
- 팔다리의 위치와 움직임을 감시하기 위한 근육의 늘어짐과 관절의 각도(자기신체지각)

---

[17] 스티븐 얀티스·리차드 에이브람스, 곽호완 외 공역(2018), 『감각과 지각』, 시그마프레스

- 실제적이거나 혹은 잠재적인 세포 손상을 탐지하기 위한 통증(위해지각)
- 피부에 접촉하는 온도(열지각)
- 촉각과 고유수용감각을 통해 지각된 대상의 형태(햅틱)
- 신체의 균형과 가속도(전정 감각)

아리스토텔레스(Aristotle)는 촉감을 가장 기초적인 감각으로 여겼다. 촉감은 우리가 세계에서 자신의 길을 내고, 그 길을 지도로 그리고 측정하며 의미를 부여하는 방식이다. 독일의 연구자 디피츠 카츠 역시 촉감이야말로 '인간의 감각 중 가장 자기반영적인 감각'이라고 단언했다. 그에 따르면, 우리는 촉감을 통해 스스로를 느끼는 법을 배운다.

촉감은 우리가 보고 읽는 것에 감각적인 정보를 더하는 중요한 요소다. 글의 의미를 더 풍부하게 해주고 다차원적인 해석을 가능하게 한다. 독서의 미래를 생각한다는 것은 우선적으로는 독서와 손의 관계, 즉 촉감이 독서의 꼴을 만들어온 오랜 역사에 대해 고찰한다는 뜻이고, 우리가 읽는 동안 실제로 느끼는 감각에 대해 살핀다는 것이다. 아우구스티누스(Augustinus)는 새로운 세계를 향해 스스로를 개방하기 위해 먼저 책을 펼침으로써 세계로부터 자신을 닫아야 했다. 쥐고 있는 손처럼, 책은 열림과 닫힘을 함께 겸

▲ 글을 쓰고 있던 중 도착한 책이다. 절판된 책이라 중고로 구매했는데,
책의 상태가 매우 깨끗했다. 보낸 이가 책을 소중하게 포장해서 보냈다.

합시키는 사물이다.[18]

　현대사회는 과도할 만큼 시각적 정보가 넘쳐나고 있고, 아이들
은 인터넷에 익숙하다. 자극적인 게임이나 영상에 사로잡혀 중독
에 이르기도 한다. 종이책을 읽는 것은 문자 해독 이상의 의미를
가진다. 눈과 귀로 들어온 정보를 지각하고 인지하는 과정에서 두
뇌 발달이 이루어진다. 또한 종이 특유의 냄새와 한 장씩 넘길 때
의 감촉, 마음을 울리는 문장에 밑줄을 긋는 등의 행위는 여러 의
미를 지닌다.

　최근에는 전자책이나 오디오북처럼 다양한 형태로 책이 나온
다. 우리의 뇌는 강한 자극에 주의를 빼앗긴다. 그 결과 새롭고 강

18　앤드루 파이퍼, 김채원 역(2014), 『그곳에 책이 있었다』, 책읽는수요일

한 자극을 찾는다. 글을 디지털 매체로 읽으면 주의를 빼앗길 수 있다. 책을 있는 동안 주의 집중이 분산되기 때문에 문장을 온전히 이해하기가 어렵다. 이런 상태에서는 비유와 추론을 끌어내는 능력도 발휘하기가 어렵다.

자극적인 문구와 시선을 사로잡는 화면 때문에 비판적으로 사고하지 않으면 선동에 휩쓸리거나 거짓을 분별하기가 어렵다. 화면 읽기를 하면 한 화면에 보이는 단어만 골라서 읽는 경향이 나타나기도 한다. 화면에 보이는 단어들을 'F'자 형태로 읽거나 지그재그 형태로 읽는다. 이 때문에 진실과 가짜 뉴스를 구분하기가 어렵다. 화면 읽기와 종이책 읽기가 뇌에서 다른 회로를 사용한다는 것을 보여준다. 오래전부터 종이책을 읽더라도 화면으로 빨리 읽기를 자주하면 깊이 읽기 능력을 상실할 수 있다.[19]

우리가 사는 세계는 가상의 증강현실이 아니다. 아날로그라는 점을 기억하자. 아무리 화면에 산해진미가 펼쳐진다고 해도 내 앞의 컵라면만 못하다.

나는 독서를 통해 많은 것을 얻었다. 세상을 바라보는 시각도 넓어졌다. 그런데 나이가 들수록 독서에 집중하기가 어려워진 것도 사실이다. 사는 게 바빠서 독서를 멀리하기도 했고, 이것저것 생각이 많다 보니 예전처럼 독서가 즐겁지는 않다. 게다가 디지털

---

19 박세근(2021), 『독서와 난독증의 뇌과학』, 북랩

환경이 집중을 방해한다. 『생각하지 않는 사람들』의 저자 니콜라스 카(Nicholas Carr)는 이렇게 말했다.

"우리의 뇌 용량은 무한하지 않다. 인식에서 이해에 이르는 통로는 좁다. 정확도를 판단하고 연관성이나 가치를 따져보고 맥락을 파악하는 등 새로운 정보를 평가하는 과정에서 인내심과 집중력이 요구되는데, 인터넷은 의도적으로 우리의 인내심과 집중력을 흐트러뜨린다. 컴퓨터 스크린을 들여다볼 때 자극에 의해 뇌에 과부하가 걸리면 집중력은 산산조각이 나고, 사고는 피상적이 되며 기억력은 나빠진다. 우리는 덜 사색적이 되고 충동적이 된다.

나는 책이나 긴 기사에 쉽게 집중할 수 있는 사람이었다. 나의 사고력은 일부러 꼬아 놓은 서사구조나 논거의 변화 등을 쉽게 따라갈 수 있었다. 그러나 요즘 들어서는 그러기가 좀처럼 쉽지 않다. 한두 쪽만 읽어도 집중력이 흐트러지기 시작한다. 한때 나는 언어의 바다를 헤엄치는 스쿠버다이버였다. 그러나 지금은 제트스키를 탄 사내처럼 겉만 핥고 있다."[20]

왠지 남의 이야기가 아닌 것 같다. 스쿠버다이버에서 제트스키라니. 몸과 마음이 지치고 복잡한 생각으로 꽉 차 있다면 충분히 쉬면서 비워내는 것도 필요하다. 고인물에 새 물을 담을 수 없기 때문이다.

---

20 니콜라스 카, 최지향 역(2020), 『생각하지 않는 사람들』, 청림출판

휴식을 취하니 어린 시절 독서 삼매경에 빠졌던 기억이 떠오른다. 그때의 환희를 되찾기 위해, 나는 다시 독서를 한다. 그래서 독서는 여전히 나에게 삶의 의미를 찾아주는 중요한 활동이다.

젊은 시절에는 책에서 모든 해답을 얻을 수 있으리라 기대했다. 하지만 삶은 책 속의 삶처럼 단순하지 않았다. 그럼에도 분명한 것은 책 속에는 무수한 정보와 지혜가 담겨 있다는 사실이다. 아우구스티누스처럼 책장을 열어젖힘으로써 책의 세계에 갇히는 그 경험, 이것이 내가 독서를 멈출 수 없는 이유다.

영상언어,
그 한계와 효용

유튜브, 그 세계에 갇히다

2020년, 엄마가 폐암 판정을 받았다. 암 판정을 받고 나서야 오랫동안 소망하던 시골집을 마련해 드리기로 마음먹고 여러 지역을 돌아다녔다. 연고도 없는 곳에 집을 산다는 일이 생각만큼 쉽지 않았다.

그러던 중, 강원도에 사는 친구를 만나러 갔다가 우연히 들른 부동산에서 한 매물을 보고 충동적으로 계약을 해버렸다. 서울에서 강릉까지 200km가 넘는 거리. 막히지 않는 길을 쉬지 않고 달려도 2시간 반은 족히 걸리는 거리였다. 주변 사람들은 만류했지만, 인간은 늘 합리적으로 판단하거나 결정하는 존재가 아니다.

비록 엄마가 원하던 마당 있는 시골집은 아니었다. 작은 평수의 아파트였지만, 햇빛이 잘 드는 남향에 주변 환경도 쾌적하고 인프라도 잘 갖추어져 있었다. 그렇게 반년 넘게 서울과 강릉을 오갔다. 지방으로 다닐 일이 거의 없어서 처음에는 하이패스를 신청하지 않았다. 그래서 고속도로 통행료를 현금으로 내고 다녔다. 옆 좌석에서 잔돈을 세는 것이 엄마의 역할이었다. 그러다가 엄마의 병세가 점점 악화되면서 하이패스 카드를 발급받았다. 톨게이트를 지날 때마다 자동으로 결제가 되었다. 그때마다 엄마는 놀란 얼굴로 나를 쳐다보며 "아이고"를 연발했다. 지금도 그 모습이 선하다. 한편으로는 자신의 작은 역할 하나가 사라진 것을 아쉬워하는 듯했다.

엄마가 돌아가시고 나서 한동안 전화 벨이나 메시지 알림음을 무음으로 했다. 눈이 시려서 낮에도 불을 끈 채 누워 있었다. 심신이 지치면 감각기관도 예민해진다는 사실을 그때 처음 알았다. 그러다가 유튜브를 접했다. 별생각 없이 시간 때우기 용이었다. 그때 봤던 유튜브 콘텐츠가 캠핑이었다.

캠핑 유튜버가 말없이 운전을 하고 외딴곳에 자리를 잡아 텐트를 친다. 각종 캠핑용품을 나르고 텐트 안을 채운다. 무심히 고기를 굽고 바깥 풍경을 보며 맥주 한 캔을 들이켜는 장면. 우중에는 빗소리, 눈이 내리는 날에는 장작이 타들어가는 소리를 듣는 것이 나의 유일한 힐링이었다. 자연의 ASMR은 말 그대로 힐링이었다.

영상 속의 아날로그적 현실은 영상 밖의 사람을 디지털이라는 기술로 대리 만족시켰다.

코로나19 때문에 외출도 어려웠을 때라 배달 음식을 먹으며 모모와 하루하루를 버텼다. 머지않은 미래에 〈하울의 움직이는 성〉처럼 어디든 갈 수 있는 캠핑카만 있다면, 우리 모모랑 전 세계를 여행할 수 있는 날이 오려나.

알고리즘, 침묵의 조력자?

한국언론진흥재단에서 발표한 '디지털 뉴스 리포트 2019 한국'에 따르면, 2019년에 들어서 45~54세의 디지털 뉴스 의존도(50%)가 텔레비전 뉴스 의존도 (47%)를 앞지르기 시작했다. 뉴스를 보기 위해 활용되는 디지털 매체 중 우리나라에서 가장 많이 사용되는 매체는 네이버(66%)와 유튜브(40%) 순이었다.[21] 특히 유튜브를 활용한 뉴스 소비는 이용자 비율이 급상승했다. 그중 50대 이상의 연령층에서 급속도로 증가하는 양상을 보였다.[22]

2022년에는 한국에서의 유튜브 사용량이 전체 SNS 이용량 중 72%로 가장 높았다. 그중 44%가 유튜브로 뉴스를 이용한다고 나

---

21 김선호·김위근(2019), '디지털 뉴스 리포트 2019 한국', 한국언론진흥재단-로이터저널리즘연구소

22 닐슨 '월간토픽', 2019. 11. 26

타났다. 정치 성향에 따라 유튜브 뉴스를 이용하는 비율은 진보 성향의 이용자가 52%, 보수 성향의 이용자가 55%로 중도 성향의 이용자 43%에 비해 상대적으로 높았다. 연령별로는 60대 이상의 이용자가 가장 많았으며, 국내 전 연령층 이용률이 전 세계 평균보다 높게 나타났다.[23] 유튜브 이용자가 점점 증가하는 추세는 그만큼 유튜브의 영향력이 커졌음을 보여준다. 이와 관련해서 문제가 되는 것 중의 하나가 알고리즘(algorithm)이다.

알고리즘은 페르시아의 수학자 알콰리즈미(al-Khwarizmi)의 이름에서 유래했다. 처음에는 아라비아 수의 산술 연산을 위한 규칙 집합으로 사용되었다. 이후 문제를 해결하기 위한 절차로 개념이 진화했다. 사용자에게 맞춤형 콘텐츠를 추천해서 시청 시간을 극대화하는 시스템이다.

유튜브는 사람들이 더 오랫동안 플랫폼에 머물도록 유도하려고 여러 요소를 분석해 영상을 추천한다. 이전에는 네이버 같은 검색 플랫폼에도 알고리즘 논란[24]이 있었다. 알고리즘은 사용자의

---

23 J-H. Cho, and K-J. Kim(2022), 'A study on the improvement of filter bubble phenomenon by echo chamber in social media', Journal of the Korea Contents Association, Vol. 22, No. 5, pp. 56-66, J-H. Choi, and Y-H. Park(2022), 'Digital news report in korea 2022', Korea Press Foundation

24 공정위, 2020년 '자사 플랫폼 입점 업체 유리하게 상품 노출' 265억 부과: 네이버가 경쟁사에 불리하게 알고리즘을 바꾸는 방식으로 검색 결과를 조작했다는 이유로 공정거래위원회로부터 과징금을 부과받자 불복 소송을 제기했다가 14일 패소했다. 서울고법 행정6-1부(최봉희·위광하·홍성욱 부장판사)는 이날 네이버가 공정위를 상대로 낸 '시정명령 및 과징금 납부 명령 취소' 소송을 원고 패소 판결했다. 출처: 〈경향신문〉 2022. 12. 14

시청 기록, 구독 정보, 검색 기록, 시청 지속 시간을 기반으로 작동된다. 또한 트렌딩(trending) 영상도 추천된다. 이는 인기가 급상승하는 영상을 의미한다.

알고리즘의 장점은 4가지로 살펴볼 수 있다.

- 관심사에 맞는 영상을 추천해서 원하는 정보를 빠르게 찾을 수 있다.
- 유사한 내용의 영상들이 연속적으로 제공되어 정보 습득이 용이하다.
- 시간과 장소의 제약이 없어서 필요할 때 콘텐츠를 소비할 수 있다.
- 매우 다양한 콘텐츠가 있어서 취향이나 수준에 맞게 선택할 수 있다.

내가 생각할 때 유튜브의 가장 큰 장점은 '시간과 장소의 제약 없이 필요할 때 콘텐츠를 소비할 수 있다는 점'과 '매우 다양한 콘텐츠가 존재한다'는 점이다. 누구나 손쉽게 콘텐츠를 제작하고 유포할 수 있기 때문에 소비자는 취향과 수준에 맞게 콘텐츠를 선택할 수 있다.

막걸리를 만들고 싶다면 유튜브 검색만 해도 필요한 정보를 얻을 수 있다. 예전에는 요리를 하려면 요리 프로그램을 시청하거나 요리책을 사서 봐야 했다. 그런데 지금은 그럴 필요가 없어졌다.

나는 막걸리를 손수 만들어보는 게 버킷리스트 중 하나였다. 영상을 찾아보니 그다지 어려워 보이지 않았다. 여러 개의 영상 중에서 가장 간단해 보이는 영상을 선택했다. 여러 번 반복해서 보고 메모까지 한 다음 만들어보았다.

유튜브의 또 다른 장점은 양방향 소통이 가능하다는 점, 크리에이터에 맞는 사용자가 있다는 점이다. 요리를 잘하지 못하는 사람이라면 전문 요리사보다는 일반인이 알려주는 요리 영상이 편할 수 있다. 어려운 말도 없고 눈높이에 맞아서 그렇다. 궁금한 게 있으면 댓글을 달아 질문을 할 수도 있다. 전통적인 미디어처럼 소수의 인텔리가 만들어 일방적으로 제공하는 방식이 아니다.

물론 유튜브의 단점도 있다. 단점은 다음 4가지로 볼 수 있다.

- 유사한 콘텐츠만 추천되기 때문에 정보가 편향될 수 있다.
- 가짜 뉴스나 음모론이 확산될 가능성이 있다.
- 지속적인 영상 소비로 인해 중독 현상이 발생할 수 있다.
- 낚시성 제목(clickbait)으로 인해 자극적인 콘텐츠가 많아질 수 있다.

이해를 돕기 위해 몇 가지 용어들을 살펴볼 필요가 있다.

- 필터버블(filter bubble): 엘리 프레이저(Eli Pariser)의 저서 『생각 조정자들』에 처음 등장한 개념이다. 추천 알고리즘에 의

해 생기는 정보편식 현상으로, 이용자가 좋아할 만한 정보만 제한적으로 제공해 스스로 문화적·이념적 거품에 갇히는 현상을 말한다. 유사한 콘텐츠만 추천되기 때문에 정보가 편향될 수 있다. 유튜브는 이용자의 참여도를 높이는 목적으로만 추천 알고리즘을 개선하기에 이런 편향은 점점 더 강화되어 확증편향으로 굳어질 가능성이 높다.

- 에코챔버(echo chamber): 밀폐된 시스템 안에서만 이루어지는 의사소통 때문에 신념이 증폭되거나 강화되는 현상이다. 비슷한 생각을 가진 사람들이 모이면 그들의 생각과 신념이 돌고 돌아 확증편향 현상을 불러일으켜 신념과 믿음이 증폭되고 강화된다.

가짜 뉴스나 음모론 등이 확산하는 문제도 있다. 가짜 뉴스는 주로 연예인이나 정치를 다루는 유튜브에서 자주 볼 수 있다. 연예인이라는 직업 특성상 그들은 사생활이 노출되거나 가짜 뉴스의 희생양이 되기도 한다. 정치 관련해서는 근거 없는 주장이 실제 일어난 것처럼 잘못된 신념이 되어 퍼지기도 한다.

음모론은 종종 현실 인식이나 자각의 부족, 패배를 인정하지 않는 태도, 사회와 인간에 대한 불신과 의심에 그 뿌리를 두고 있어서 사라지지 않고 강화되는 편이다. 특히 편집증적 성향이 강한 사람이라면 이미 심중에 '의심'의 씨앗이 있기 때문에, 누군가가 신호만 준다면 의심의 씨앗은 독버섯처럼 자라날 것이다.

40~50대 연령층에서 유튜브, 특히 정치 관련 콘텐츠를 많이 소비하는 이유는 무엇일까? 전통적인 미디어에 대한 불신과 대안 미디어의 성장이 주요 요인이다. 사람들은 기존의 전통 미디어가 특정한 정치적 시각을 대변한다거나 편향되어 있다고 인식한다. 뉴스 역시 사건 사고 중심의 가벼운 내용으로 다뤄지는 경향이 강하다. 이러한 방식은 정치를 잘 모르는 사람들로 하여금 정치의 맥락이나 원인을 올바르게 이해하기 어렵게 만든다.

유튜브에서는 기자, 정치인, 평론가 등 관련 분야에 종사하는 사람들이 자신의 지식과 경험을 바탕으로 정치 이슈를 상세히 설명한다. 이는 시청자들에게 정치적 사안의 배경과 논리를 이해하는 데 도움을 주고, 기존 미디어에서 느꼈던 정보 부족이나 왜곡에 대한 갈증을 해소시킨다.

40~50대는 사회에서 '허리'에 해당하는 세대다. 가정과 직장에서 막중한 책임도 지고 있다. 사회·경제에 자연스레 관심을 두고, 정치 생활의 안정과 맞닿아 있는 분야이기에 관심을 가진다. 이 세대는 자신과 가족, 조직의 생존과 미래를 고민하는 과정에서 사회 정책에 대한 이해가 필요하다고 느낀다.

여기에 심리학적 요소인 인지부조화와 확증편향이 미디어 소비를 더욱 부추긴다. 인지부조화 이론에 따르면, '사람은 태도와 행동 사이에 불일치가 생기면 심리적으로 불편함을 느끼는데 이 불편을 해소하기 위해 태도나 행동 중 하나를 변화시키려고 한다'는 것이다. 이 과정에서 사람들은 기존 신념이나 관점을 지지하는 정보에 더 끌리고(확증편향), 유튜브의 알고리즘이 이를 강화시켜 사용자가 선호하는 콘텐츠를 반복적으로 노출시킨다.

결과적으로 40~50대는 정보의 심층성, 실질적인 영향력, 심리적 안정감 등의 이유로 정치 관련 유튜브 콘텐츠를 선호하며, 이는 미디어 소비를 넘어 정치적 정체성을 공고히 하는 과정으로 이어진다.

유튜브는 현대인에게 중요한 역할을 한다. 현대인은 시간과 장소의 제약 없이 정보를 습득할 수 있고, 관심 있는 분야의 콘텐츠를 쉽게 소비할 수 있다. 다만 알고리즘이 제공하는 영상만 무작정 받아들여서는 안 된다. 주체적인 태도로 콘텐츠를 선택하고 활용해야 한다.

플라톤과 베이컨은 동굴의 비유를 통해, 인간이 본질보다 현상에 사로잡히기 쉽다고 말했다. 디지털 미디어에서도 마찬가지다. 필터버블과 에코챔버 속에서 특정 정보만 접하면 사고가 경직되고 편향될 가능성이 높아진다. 이를 방지하려면 비판적 사고 능력을 기르고, 유튜브를 현실과 단절되지 않도록 활용해야 한다. 유튜브에서 맛있는 음식을 보며 입맛을 다시는 것만으로는 배를 채울 수 없다. 직접 재료를 사고 요리해야 한다. 전문적인 지식을 담은 영상을 본다고 해서 그것이 곧 내 것이 되는 게 아니다.

특히 영상처럼 감각기관을 통해서 들어오는 정보는 아주 짧은 시간만 뇌에 보관되었다가 사라진다. 이를 '감각기억'이라고 한다. 이보다 좀 더 긴 시간 보관되는 정보를 '단기기억'이라고 한다. 전화번호처럼 여러 번 되뇌더라도 기억에 저장하지 않으면 곧 잊힌다. 자기 것으로 만들려면 기억에 저장하려는 노력을 해야 한다.

장기기억으로 넘어가면 그 기억은 반영구적으로 보관된다. 모든 정보를 우리가 다 기억하는 것은 저장용량을 벗어나는 일이기도 하고 필요 없는 정보들은 망각을 통해 사라진다. 마치 오래되고 쓸모없는 물건들을 버리고 정리정돈이 필요한 것처럼 말이다.

관련 자료를 찾아보고 책을 읽으며 학습을 병행해야 한다. 그래야 정보를 오래 기억하고 실질적인 도움이 된다. 언어를 익힐 때 반복해서 듣고 말하는 연습이 필요한 것처럼, 유튜브에서 얻은 정보도 현실과 연결하는 과정이 필요하다.

유튜브는 세상과 소통하는 중요한 방법이 될 수 있다. 다만 그 안에 갇히면 단절을 초래할 수도 있다. 중요한 것은 영상 자체가 아니라 그것을 어떻게 활용하느냐. 유튜브를 통해 정보를 얻더라도 현실에서 직접 실천하고 다양한 관점을 접하며, 직접적인 소통을 지속해야 한다. 그래야 유튜브를 도구로서 유용하게 활용할 수 있다.

사이코패스 경계령,
빠르게 손절하라?

왜 사이코패스에 열광하는가?

수년 전에 책을 출간하고, 한 유튜버에게 초대를 받은 적이 있었다. 수십만 명의 구독자를 보유한 유튜버였다. 원고를 미리 보내고 갔는데, 약속 시간이 지나도 유튜버가 오지 않았다. 시간이 흘러 담당자의 안내를 따라 허름한 건물로 걸어 올라갔다. 약 30분간 질문과 답변을 주고받았다.

질문은 주로 사이코패스(psychopath), 악인과 관련 있는 영화, 악인 캐릭터 등이었다. 이 유튜버는 사람들이 관심 가질 만한 키워드를 잘 찾아내는 사람인 것 같았다. 무엇인가 이용당한 느낌이

들었지만, 바쁜 일정들 때문에 그 일은 곧 잊혀졌다.

각종 매체에서 '소시오패스(sociopath)를 한 방에 알아보고, 빠르게 손절하라'는 콘텐츠가 유행처럼 번지고 있다. 마치 MZ세대의 MBTI 열풍처럼, 의사나 심리학자가 등장해 사이코패스를 단번에 판별하는 법을 설명하는 영상도 많아졌다.

사람들은 왜 이렇게 사이코패스에 열광하는 걸까? 단순한 관심을 넘어서는 사회적 현상은 아닐까? 매스미디어가 이런 열풍을 조장하는 것은 아닌가 싶다. 굳이 일반인이 알 필요가 없는데도 사이코패스와 소시오패스, 연쇄살인범들의 범죄 사건을 프로파일러가 상세히 설명해주는 모습을 볼 때면 무서울 때가 있다.

전문가가 아무리 자세히 설명해도 일반인이 사이코패스를 구별하는 일이란 불가능에 가깝다. 사이코패스는 사회적으로 잘 기능하며 사람들 속에서 살아갈 줄 알기 때문이다. 즉 적당히 정상인 척 행동하고, 다른 사람을 이용하는 데 능숙하다. 그래서 가까워지고 나서야 본색을 드러내는 경우가 많다. 심지어 결혼을 하고 나서야 배우자가 성격장애인 것을 아는 경우도 있다.

빠르게 알아채고 빠르게 손절하라?

'손절'은 경제 용어인 '손절매(損切賣)'에서 비롯된 말이다. '앞으로 주가(株價)가 더 떨어질 것으로 예상해 손해를 감수하고 주식을 매입 가격보다 싸게 파는 일'을 말한다. 경제 용어가 왜 인간관계에 적용되고 있을까? 경제적 득실을 따지듯 매정하게 절연하라는 의미인가?

소시오패스를 단번에 알아보는 것도 어렵거니와 인간관계를 한 방에 끊는다는 것은 더 어렵다. 인간관계를 절연하려면 앞서 고민을 하기 마련이다. 어떤 경우는 수년간 고민하다가 절연을 선택하기도 한다. 어느 정도의 손실을 감수해야 하므로 심사숙고해야 한다.

그 소시오패스가 오래된 지인일 수도 있고 배우자가 될 사람의 가족일 수도 있다. 혹은 회사의 직장 상사일 수도 있다. 그러니 한 방에 정리하기란 어렵다. 이들은 생각보다 집요해서 말 한마디로 기를 죽이거나 정리할 수도 없다. 아주 교묘하게 사람을 힘들게 만드는 재주가 있어서다. 섣불리 덤볐다가는 되치기를 당하기 십상이다. 이들은 성격적으로 문제가 있는 사람이다. 심각할 경우 인격장애(성격장애)로 분류될 수 있다(여기서 '성격'과 '인격'은 비슷한 의미로 해석되고, 성격장애는 중복으로 발생할 수도 있다).

소시오패스나 사이코패스는 널리 알려진 명칭이다. 다만 명확한 진단 기준은 없고, 연구자마다 정의하는 바가 조금씩 다르다. 공식적인 정신의학적 진단명은 '반사회성 성격장애(ASPD; Antisocial Personality Disorder)'다. 이는 DSM(정신질환 진단 및 통계 편람)과 ICD(국제질병분류)에서도 사용되는 용어다. 소시오패스나 사이코패스를 반사회성 성격장애의 하위범주로 보기도 한다.

성격장애(DSM-5 기준)

- ✅ 지속성: 느끼고 생각하는 방식과 행동이 지속적으로 오래 반복되는 양상(예를 들어 힘든 일이 생기면 회피하는 방식이 반복되는 경우)

- ✅ 문화적 편차: 개인이 속한 문화에서 기대되는 것과 현저하게 다른 양상

- ✅ 만연성과 경직성: 다양한 상황에서 나타나며 고정적임

- ✅ 발병 시기: 청소년기 또는 성인 초기부터 시작됨

- ✅ 지속성과 결과: 시간이 지나도 변하지 않고, 심리적 고통이나 사회적·직업적 손상을 초래함

- ✅ 편집성 성격장애, 조현성 성격장애, 조현형 성격장애, 연극성 성격장애, 자기애성 성격장애, 회피성 성격장애, 의존성 성격장애, 강박성 성격장애, 반사회성 성격장애, 경계성 성격장애 등 총 10개의 성격장애가 포함됨

소시오패스·사이코패스·반사회적 인격장애가 종종 혼용되어 쓰이지만 약간의 차이가 있다.

○ 소시오패스

사이코패스와 유사하나 좀 더 충동적이고 감정적으로 불안정하다. 즉흥적으로 범죄를 저지를 가능성이 크다. 사회적 관계 유지

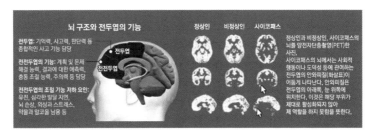

▲ 정상인과 사이코패스의 뇌 구조 비교[25]

가 어렵고 종종 폭력적이다.

○ 사이코패스

반사회적 인격장애의 하위 유형으로 간주되지만 독립적인 개념으로 보기도 한다. 감정적 냉담함과 조작적 성향이 강하고, 치밀하게 계획하여 행동한다. 공감 능력이 거의 없고, 타인을 철저하게 이용하려는 경향이 있다.

○ 반사회적 인격장애

공식적인 진단명이다. 지속적인 반사회적 행동과 타인의 권리를 무시하는 성향이 있다. 법적 문제, 거짓말, 충동적 성향, 후회나 죄책감의 결여, 공감 능력 부족 등의 특징이 있다. 모든 사이코패

---

25 〈서울신문〉, http://www.seoul.co.kr/news/newsView.php?id=20151223008021

스와 소시오패스가 반사회적 인격장애 진단을 받을 수 있지만, 그렇다고 해서 모두가 사이코패스나 소시오패스는 아니다.

위 3가지가 공존하는 경우도 있다. 중요한 점은 타인의 권리를 무시하고 침해하는 경향이 공통적으로 나타난다는 것이다. 사이코패스가 모두 연쇄살인범이 되는 것은 아니다. 다만 일부는 연쇄살인범이 되기도 한다. 이들은 선천적으로 전두엽의 기능이 미약하고 공감 능력이 극도로 부족하다. 희로애락과 양심을 거의 느끼지 못하며, 오히려 범행 순간에 강렬한 자극을 느낀다.[26] 이외에도 좌반구나 편도체 등의 기능 이상도 문제가 될 수 있다.

사이코패스의 언어적인 특징

사이코패스의 언어적인 특징을 정리해보면 다음과 같다.

○ 습관적인 거짓말

자신의 잘못을 타인의 잘못이라고 주장하거나 사소한 것부터 악질적인 것에 이르기까지, 거짓말을 아무렇지도 않게 한다. 본인

---

[26] 최혁재(2016), '반사회적 인격장애', 약학정보원

에게 유리하게끔 사실을 왜곡하고, 죄책감을 느끼지 않기 때문에 거짓말이 고쳐지지 않는다. 좌반구 기능이 저조하고 우반구가 상대적으로 활성화되어, 생각을 하기보다 행동으로 먼저 옮기는 경우가 많다. 따라서 임기응변식으로 거짓말을 하고 '아님 말고' 식으로 대처한다.

○ **과장 또는 말 바꾸기**

있는 사실을 보다 과장하는 경우가 허다하다. 부자가 아닌데도 고가의 옷이나 가방, 자동차 등으로 환심을 사려고 하고, 상대보다 우위를 점하려는 경향이 강하며 수시로 말을 바꾼다. 상대가 항의하면 "네가 잘못 이해한 거야!"라며 상대를 혼란스럽게 하거나 자기를 변호한다. '합리화'라는 방어기제로 잘못을 그럴듯하게 포장한다. 더 나아가 이론적인 근거를 대면서 상대를 설득하기도 하는데, 이를 '주지화'라고 한다. 이는 양심의 가책을 느끼지 않는 그들 나름의 방편이라 생각한다.

○ **상대를 조정하려는 말**

상대의 약점을 파고들기 위해 때로는 매우 약한 모습을 보인다. 도움을 요청하기도 하고 상대를 거칠게 비난할 때도 있다. 피해를 입은 사람에게 위로는커녕 "네가 문제야!"라며 상대의 약점을 찌른다. 이들에게 개인적인 약점이나 사적인 정보를 공유하면 이를 이용해 조종하려고 해서 위험하다.

○ **약속을 지키지 않음**

사소한 약속이라도 여러 번 지키지 않는다면 경계해야 한다. 진정성 없이 하는 빈말을 넘어, 처음부터 약속을 지킬 생각이 없어서 하는 말이기 때문이다. 이들은 양심이나 죄책감을 느끼지 않는다. 도덕적인 기준이나 지식이 없는 경우가 많아서다. 약속을 왜 지켜야 하는지 물어보면 "약속이니까" "약속을 지키지 않으면 나쁜 거라고 배웠다" 같이 피상적으로 이해하는 경우가 많다.

○ **자기중심적 언어**

세계가 자기를 중심으로 돌아가는 것처럼 이해한다. 타인의 입장을 고려하지 못하고 관심조차 없는 듯하다. 다른 사람의 일에는 상관없고 자기의 고통에만 집중한다.

그럼에도 대응 전략은 있다

○ **침착하게 대응하기**

사이코패스는 상대방의 감정을 이용해서 조종하려고 한다. 다급하게 연락해서 "내가 사고를 당해서 돈이 필요하다"라며 돈을 빌리고는 도박을 하거나 사치를 하는 경우가 그렇다. 주변 사람들은 안타까운 마음에 돈을 빌려주는데 나중에 보면 거짓이다. 정작 사이코패스는 상대에게 미안함이 전혀 없다.

작정하고 거짓말을 하는데, 어떻게 알아차릴까? 그리고 어떻게 침착하게 대응할 수 있을까?

평소에 마음을 잘 관리할 필요가 있다. 자신의 마음 상태를 살피고 그 이유가 무엇인지 헤아려봐야 한다. 정서적으로 취약할 때는 타인에게 휘둘릴 위험이 높아지기 때문에 조심할 필요가 있다.

잘 생각해보면, 너무 바쁘고 힘들 때 사건 사고가 많다. 가혹하게 들리겠지만, 힘들어서 죽고 싶을 때 도움의 손길인 줄 알고 덥석 잡았는데 오히려 뒤통수를 맞는 상황일 수도 있다. 외로운 노인들을 상대로 사기를 치는 경우가 이에 해당한다. 심리적으로 안정적일수록 이런 위험은 줄어든다. 상대가 나의 약점을 치고 들어오기가 그만큼 힘들기 때문이다. 이들은 마치 사냥꾼 같다. 사냥감을 찾아다니며 그들의 약점을 노리는데, 심리적으로 안정된 사람은 약점이 잘 드러나지 않기에 그들이 노리는 대상에서 벗어날 가능성이 높다.

타인과의 관계에서 나름의 기준을 정해놓는 것이 좋다. 돈을 빌려달라고 하면 어떻게 할 것인가? 무리하지 않는 선에서 돈을 빌려주고 관계를 유지하는 것에 대한 자기 기준과 사회적 기준을 균형 있게 맞추려는 노력이 필요하다.

이들과 논리적으로 대화하고 설득하려는 노력은 허위로 돌아갈 확률이 높다. 이들 자체가 사람을 믿지 않기 때문에 쉽게 교화되지 않는다. 이들 중에는 머리가 상당히 좋은 사람들도 많다. 오히려 이들의 논리에 설득을 당할지도 모른다.

영화 〈프라이멀 피어〉의 에드워드 노튼처럼 피해자인 양 사람들을 속이고 심지어 자신을 무료 변론한 변호사마저 속이고 나서 농락하는 장면은 이런 위험성을 보여준다.

○ 직장에 사이코패스가 있을 때

공식적인 관계를 유지하고 업무 외적인 대화를 피한다. 웬만하면 소통한 내용은 이메일이나 문서로 남겨두는 것이 좋다. 통화 내용을 녹음하는 것보다는 문자메시지나 메일로 상대에게 질문을 해서라도 내용을 남겨놓자. 그래야 차후에 문제가 생겼을 때 활용할 수 있다.

전화 통화를 자동으로 저장하거나 문자로 변환해주는 프로그램이 생겼지만, 그래도 메일이나 문자메시지 등으로 남겨두는 것이 좋다. 사이코패스 성향의 동료가 지속적으로 문제를 일으킨다면 증거를 확보한 다음, 공식적으로 문제 제기를 하자.

다음의 두 사례를 살펴보자.

사례1

A 선배 사람들이 '네가 일을 잘 못해서 힘들다'라고 얘기하더라. 그 얘기를 듣는데 내가 다 민망했어. 걱정돼서 하는 말이야. (어깨를 툭툭 치며) 잘 좀 해!

B 후배 네, 좋은 정보 주셔서 감사합니다. 제가 사람들에게 직

접 물어보고 시정할 것이 있으면 고치도록 하겠습니다.

A 선배 (화들짝 놀라며) 직접 물어본다고?

B 후배 네, 누가 얘기했는지 대충 느낌은 오는데요. 만나서 물어보려고요.

이후 B 후배는 주변 사람들에게 직접 물어보았고, A가 B를 험담하고 다닌 사실을 알게 되었다. 중요한 서류는 일부러 늦게 주는 식으로 업무 방해도 하고 있었다. B는 사실을 확인한 후 상사에게 잘못된 점을 시정해달라고 요구했다.

사례2

백화점 매장 직원이 자기 실수를 알바생에게 뒤집어씌워 급여를 못 받게 했다.

이럴 때는 문자메시지로 전후 상황을 상세히 정리해서 보내두는 게 좋다. 가능하면 하소연하는 듯한 느낌으로, 너무 논리적이지 않게 보내는 것이 좋다. 상대가 틈을 비집고 들어와 자기 문제를 역으로 드러낼 수 있으니 말이다. 그때 상대가 드러낸 허점을 공략하면 된다. 그리고 해당 직원에게 언제까지 급여를 지급하지 않으면 점주와 백화점 측에 공식적으로 컴플레인을 하겠다는 내용을 덧붙이고, 휴대폰 전원을 잠시 꺼두는 게 효과적이다. 상대가 지속적으로 연락을 하면 마음이 흔들리거나 실수할 수 있기 때문이다. 이 사례에서 직원은 처음에 노발대발했지만 단호한 대처에 자신의 잘못을 인정했고, 알바생은 급여를 지급받았다.

사이코패스와의 관계에서 벗어나기

사이코패스는 상대가 떠나려고 하면 더욱 집착하는 면이 있다. 인간관계를 '착취와 피착취'로 보기 때문이다. 그래서 상대를 자신의 지배하에 두고 이득을 취하려 한다. 빠르고 단호하게 정리하는 게 중요하다. 마음이 약해지면 단호하게 행동하지 못한다. 상대가 약한 모습을 보이면 마음이 흔들리고 '한 번만 더 기회를 주자'는 생각이 든다.

상황이 악화되고 나서야 단절하는 경우가 종종 있다. 가끔 스토커처럼 매일 전화를 걸거나 메일을 보내거나 직접 찾아올 수도 있다. 이때는 최대한 빨리 대처해야 한다. 법적 조치도 고려해야 한다. 약간의 비용을 들여서라도 변호사와 상담을 해보는 게 도움이 된다.

상대의 악의적 행동에 즉각적으로 반응하면 상대는 더 격렬하게 반응한다. 따라서 화가 난다고 같이 싸우는 건 그의 전략에 말려드는 꼴이다. 행동치료(최근 '응용행동분석') 입장에서는 잘못된 행동은 무시하고 바람직한 행동에는 반응(보상)을 줌으로써 행동을 교정할 수 있다고 본다.

'떼를 쓰면 사탕을 준다'는 것을 학습하면 아이는 사탕이 먹고 싶을 때마다 떼를 쓰는데 이와 같은 논리다. 부모는 아이가 떼쓸 때 단호히 선을 긋고, 그런 행동에 무관심하게 대응해야 한다. 그래야 아이는 떼쓰는 행동으로 얻을 게 없다고 생각해서 행동을 고친다. 상대의 행동에 반응을 해주는 것은 일종의 보상으로 작용할 수 있다. 아이의 존재 자체를 부정하라는 의미가 아니다. 다만 이런 행동에 일일이 반응하지 않음으로써 상대는 더 이상 재미없다고 생각하고 지칠 것이다.

전화나 SNS에 '차단' 기능이 있다. 일시적으로 거리두기를 하는 기능도 있다. 무례하게 행동하는 사람들에게 정중하게 내 의사를 밝혔는데도 고치지 않는다면, 굳이 싸워서 갈등을 증폭시키기보다 조용히 차단하는 것도 하나의 방법이다.

임대인이 세입자의 허락 없이 집에 들어와 사진을 찍고 간 사례가 있다. 임대인은 새로운 세입자를 구한 뒤 관리비가 미납되었다는 이유로, 빈집에 들어가 사진을 찍었다. 그러고는 세입자에게 사진을 보냈다. 세입자는 임대인을 주거침입죄로 고소했다.

세입자는 '정식 사과와 돌려받지 못한 보증금 일부를 돌려줄 것'을 요구하는 문자메시지를 임대인에게 보냈다. 이때 문자메시지나 메일이 훨씬 유리하다. 일종의 내용증명의 효과를 발휘하기 때문이다. 임대인은 곧바로 사과했고, 나머지 돈도 돌려줄 것이라 약속했다.

임대인은 이전까지만 해도 수시로 전화를 하거나 세입자가 전화를 안 받으면 받을 때까지 계속 전화를 했다. 세입자는 이 행동에 대응하지 않다가 불법 행위에는 단호하게 대처했다. 그랬더니 임대인이 꼬리를 내렸다. 만약 임대인에게 정서적으로 반응했다면 어땠을까? 그 임대인은 신이 나서 더 하고 싶은 대로 행동했을 것이다. 세입자는 잘못된 행위에 고소(혐오자극)를 하면서 임대인의 행동빈도를 감소시켰다. 그리고 잘못을 사과하고 돈을 돌려주는 행위에 대해서는 보상(고소 취하)을 함으로써 바람직한 행동을 강화했다.

비상식적이고 무례한 사람을 만나 갈등이 생겼다면 주변 사람들과 상의하는 것도 좋은 방법이다. 갈등의 대상이 직장 상사라면 동료들과 고충을 나눠보자. 의외로 나와 비슷한 경험을 한 사람이 있을 것이다. 게다가 주변인들과 유대감을 쌓으면 보호막의 역할도 해줄 것이다. 고립되면 타깃이 될 수 있으니 내 입장을 동조해주는 한 명만 있어도 괜찮다.

가끔은 스스로를 위해 복무하라

사이코패스는 일반적인 사고와 감정을 가진 사람들이 아니다. 겉모습은 멀쩡하다. 때로는 다정하고 때로는 온화하다. 그럼에도 왜 위험할까? 인간으로서 가져야 할 공감 능력이나 죄책감, 양심이 없기 때문이다. 일반인들이 그들을 쉽게 봐서는 안 되는 이유가 바로 여기에 있다. '설마' 하다가 그들의 먹잇감이 될 수 있다는 걸 잊지 말자.

보통의 사람이라면 타인을 배려하고 피해를 주지 않아야 한다고 배운다. 아이러니하게도 타인의 관점으로 자주 생각하다 보면, 정작 자기 자신은 소외되는 경우가 있다. 나 자신은 곧 하나의 세계다. 나를 둘러싼 세상, 보다 더 넓고 큰 세상이 존재한다 한들 내가 없는 세상은 의미가 없다. 그러므로 나에게는 내 평화를 유지할 의무와 권리가 있다.

최근에 사이코패스에 대한 사람들의 관심이 높아진 이유는 무엇일까? 사이코패스가 증가했을 수도 있고, 과거에 비해 지나친 경쟁으로 타인에 대한 적대감이 증폭되었다는 게 그 원인일 수 있다. 사이코패스의 증가는 원인보다는 결과의 문제라고 생각한다. 사이코패스가 어느 정도 성향을 타고난다고는 해도 환경에 의해 어느 정도는 억제시킬 수 있으므로 그만큼 사회가 병질화된 것이 아닌가 싶기도 하다.

생각해보니 수년 전에 유튜버에게 초대받아서 찍은 유튜브 영상이 업로드되지 않은 것 같다. 손님을 초대하고도 지각한 점, 이에 사과조차 하지 않은 무례한 태도, 자신이 궁금한 것만 물어보고 필요 없다고 생각하면 폐기처분하는 태도 등이 평범하지 않다는 생각이 들었다.

사람이 목적이 아닌 도구가 되어버리는 사회에서 인간은 쓸모없으면 버려지는 존재일 뿐이다. 그리고 사람을 도구화하는 사람들도 언젠가 쓸모를 다하면 버려질 것이다. 무엇보다 소중한 것은 사람이다. 사람이 우선되는 세상을 만들기 위해 모두가 노력해야 한다.

사이코패스의 본능은 치유될 수 있을까?

소설 『시계태엽 오렌지』를 보자. 어려서부터 온갖 범죄를 저지르고 다니던 주인공이 감옥에 수감된다. 이후 정부의 '루도비코 치료법(ludovico technique)'은 그를 폭력적 행동을 할 수 없는 상태로 만들어 석방한다. 기쁨도 잠시, 그를 기다리는 것은 피해자의 처절한 복수였다. 결국 그는 자살 시도를 한다.

스탠리 큐브릭은 『시계태엽 오렌지』를 영화화했다. 영화의 폭력성이나 선정성

▲ 소설 『시계태엽 오렌지』 표지

때문에 이슈가 되었다. 소설과 영화 간에 차이도 있었다. 소설에서는 주인공이 평범하게 살고 싶어 하나 영화에서는 주인공이 폭력성을 되찾은 듯한 암시를 하며 끝맺는다.

소설과 영화가 주는 메시지가 많은 생각을 하게끔 만든다. 강도, 살인 등 각종 범죄를 저지르고도 평범한 시민으로 살아가는 게 가능할까? 그들에게 자유가 주어지는 것은 온당한가!? 사람은 잘 변하지 않는다.

특히 사이코패스들의 경우 선천적인 기질의 문제가 있는데, 그것이 과연 가능할까에 대해서는 여전히 명확한 답을 하기가 어렵다.

소셜미디어 시대,
우리는 무엇을 얻었는가?

'더 페이스 북'의 탄생

다음은 남성과 여성의 대화 모습이다.

남 IQ로 보면 중국에 천재가 더 많아. 인구가 엄청 많으니까.
수능 만점생이 수두룩한데 어떻게 해야 할까?

여 중국도 수능 봐?

남 중국 말고 나 말이야.

여 수능 만점 받았어?

남 하나도 안 틀렸어. 조정팀에 들어갈까?

여 뭐 먹을까?

남 다른 주제로 바꾸자는 뜻?

여 그건 아니지만, 계속 클럽 이야기만 하잖아. 중국에 IQ 천재가 더 많아?

남 루스벨트가 가입했던 클럽은…

남자는 계속 자기 이야기만 하고 있다. 남자의 말에 대꾸해주던 여자친구는 지쳤다며 집으로 돌아가겠다고 한다. 그제야 남자친구가 어떤 음식을 먹을 거냐고 묻지만, 마음이 상한 여자친구는 집에 가고 싶어 한다. 남자친구는 마음이 상해서 해서는 안 될 말을 한다. "보스톤 다니는 주제에…"라고 말한 것이다. 화가 난 여자친구는 "넌 재수 없는 놈이라 좋은 여자 만나기는 글렀어"라고 말하고는 떠난다.

똑똑하지만 사회성이 부족한 남자친구를 만난다면 어떻게 해야할까? 영화 〈소셜 네트워크〉에서 '마크 저커버그'는 자기 '잘난 맛'에 사는 재수 없는 인물로 묘사된다. 그는 상대를 배려할 줄 모르고, 대화를 할 때도 자기 관심사만 늘어놓는다. 여자친구가 말을 받아주지 않으면 그녀의 약점을 공격해 상황이 파국으로 치닫는다.

저커버그는 여자친구에게 대차게 차이고 나서 블로그에 그녀를 모욕하는 글을 올린다. 그리고 분노를 페이스북의 전신인 '페이스 매시(facemash)'를 만드는 데 쏟아붓는다. 그는 학교 서버를 해킹해 여학생들의 사진을 올려 평가하는 게임을 만들었고, 이는 큰 논란을 불러일으켰다. 그의 능력을 눈여겨본 이들과 함께 '더 페이스북(The Facebook)'을 설립하고, 이는 훗날 페이스북으로 발전한다.

이 영화는 극적인 효과를 위해 각색된 부분이 많다고 한다. 실제 저커버그는 조용하고 내성적이며 집중력이 높고 목표 지향적인 성향의 인물로 알려져 있다. 그는 친구를 더 많이 만들고 싶어서 소셜미디어를 만든 것이 아니다. 데이터를 정리하고 이를 공유하는 데 관심이 많았다. 다만 페이스북을 통해 세계적인 소셜미디어 플랫폼을 구축했지만, 이것이 진정으로 사람들을 연결하는 데 기여했는지는 의문이 남는다.

소셜미디어가 만드는 새로운 현실

"사람들의 얼굴을 보러 와서 등짝밖에 못 보다니!" 작가 빅토르 위고(Victor Hugo)가 쓴 『노트르담 드 파리』의 일부 대사다.

오늘날의 웹은 얼굴로 넘쳐난다. 우리는 웹을 거대한 나르시시즘 문화로 바꾸어버렸다.[27] 소셜미디어는 세상에 자기 얼굴을 드러내어 삶을 공유하고 타인과 연결될 수 있게 한다. 이 과정에서

---

27 앤드루 파이퍼, 김채원 역(2014), 『그곳에 책이 있었다』, 책읽는수요일

우리는 진정으로 소통하고 있을까? 아니면 타인의 삶을 엿보고 자기를 과장해 포장하는 것에 불과한가?

저커버그는 친구를 더 많이 만들려고 네트워크를 만든 게 아니다. 그는 관계 중심형 인간은 아닌 것 같다. 그보다는 목표 지향적이고 문제해결적이면서 시스템을 구축하는 일에 더 관심이 많았다. 페이스북을 만들 때도 사람들을 연결하는 것보다 데이터를 정리하고 공유하는 데 더 관심이 많았다. 핵심은 '데이터'에 있었던 것이다. 이런 문제를 다큐멘터리 〈소셜 딜레마〉가 집중적으로 다룬다.

〈소셜 딜레마〉는 소셜미디어의 부정적인 영향과 기술 기업의 윤리 문제를 조명한다. 〈소셜 딜레마〉에서는 실제 소셜네트워크를 만드는 데 참여했던 전직 기술자들이 등장한다. 전직 기술자들은 소셜미디어가 사용자들의 정보를 수집해 맞춤형 콘텐츠를 제공하고 도파민 중독을 유도하며, 정치적 양극화를 심화시킨다고 경고한다. 이는 우리에게 중요한 질문을 던진다. 우리는 소셜미디어로 무엇을 얻고 무엇을 잃고 있는가?

소셜네트워크는 맞춤형 콘텐츠를 제공함으로써 더 많은 시간을 소비하게 만들고, 사용자의 행동데이터를 분석해 광고 수익을 극대화하는 데 적극 활용한다. 이 과정에서 인간의 원초적인 심리를 교묘하게 이용해 사용자를 사로잡고, 소셜미디어 중독을 유도하는 메커니즘이 작동한다. 이로 인해 발생하는 부작용은 다음과 같다.

- 집중력 저하 및 중독 현상: 끊임없는 알림 메시지와 피드 업데이트(feed update)가 사용자의 집중력을 방해하고, SNS에 과몰입하게 만든다.
- 정신건강 문제: 청소년과 어린이에게 부정적인 자아 이미지를 형성하고, 우울증과 불안감을 증가시킨다.
- 도파민 중독: '좋아요'와 같은 피드백이 도파민 분비를 촉진해 중독성을 더욱 강화한다.
- 사회적 분열과 민주주의의 위기
  - 알고리즘이 사용자의 관심사에 맞춘 콘텐츠를 지속적으로 제공하면서 정치적 양극화를 심화시킨다.
  - 허위 정보와 조작된 콘텐츠가 확산되면서 민주주의가 위협받는다.
  - AI 기반 광고와 콘텐츠가 특정 정치적 성향을 강화해 객관적인 사고를 방해한다.

페이스북, 구글, X(구 트위터) 등에서 일했던 전직 기술자들은 기업이 이러한 문제에 윤리적 책임을 져야 한다고 주장한다. 또한 사용자에게는 SNS 사용 습관을 점검하고 조절할 필요가 있으며, 법적 규제를 강화하고 알고리즘의 투명성을 높여야 한다고 강조한다. 결국 기술을 무조건 받아들이기보다는 어떻게 활용할 것인지 고민해야 하는 시점에 와 있는 것이다.

〈소셜 딜레마〉는 기술과 윤리 측면에서 우리에게 경각심을 불러일으킨다. 기술의 편리성 뒤에 숨겨진 문제들을 깨닫게 하고, 우리가 알고리즘에 얼마나 조종당하고 있는지를 돌아보게 만든다. 그저 사회성이 부족하지만 천재적인 두뇌를 가진 인물의 성공 신화로만 여겼던 페이스북. 이외 소셜미디어의 확산과 성공은 어쩌면 우리의 삶을 뿌리째 흔들고, 우리의 두뇌를 망가뜨리는 것 아닐까?

2014년 마크 저커버그(Mark Zuckerberg)는 이렇게 말했다.

"소셜미디어가 만들어낼 가장 중요한 변화는 아마도 완전히 포괄적인 새로운 의미의 공동체일 것이다. 현재 우리가 듣는 목소리와 상상은 전 세계 인구 중 3분의 1이다. 만약 우리가 성공한다면 미래의 인터넷은 진정한 의미에서 모든 사람을 대표할 것이다."

심리학자 자밀 자키(Jamil Zaki)는 마크 저크버그의 말을 인용하며 다음과 같이 말했다.

"그러나 테크놀로지는 우리에게 전례 없이 많은 사람을 보게 해주지만, 거기서 우리가 얻는 것은 구식 사교적 접촉에 비하면 묽은 죽 같은 것이다. 온라인 사교 생활은 일련의 텍스트와 이미지로 축소된다. 어린 세대에는 특히 그러한 상호작용이 아날로그식 관계를 점점 더 많이 대체하고 있다. 인터넷 사용이 많은 나라는 공감의 수준이 낮고 인터넷과 소셜미디어, 게임 플랫폼에서 더 많은 시간을 보내는 사람은 다른 사람을 이해하기 어렵다.

우리는 온라인에서 누구든 볼 수 있지만, 우리는 그 가능성을 우리의 시야를 더 좁히는 쪽으로 사용한다. 소화하기에 너무 많은 이야기와 통계 수치의 범람 앞에서 우리는 어디로 주의를 향해야 할지 선택할 수밖에 없다. 그 선택은 우리의 가장 게으른 심리적 충동을 따른다. 우리가 믿고 있는 것에 부합하는 사실을 찾고, 나와 같은 생각이 메아리치는 방 안에 자신을 가둔다. 또한 정서적으로 우리가 옳다고 확인해주는 이야기 쪽으로 끌리는데, 이는 우리가 항상 옳다는 걸 증명하는 데 공감을 사용하는 것이다."

페이스북의 초창기 경영진인 차마트 팔리하피티야(Chamath Palihaptiya)는 창조에 일조한 테크놀로지에 관해 죄책감을 드러냈다. 그는 스탠퍼드대학교의 청중 앞에서 "우리가 사회구조를 파괴하는 도구를 만들었다는 생각이 든다. 우리가 만든 도파민에 지배되는 단기적인 피드백 회로가 사회의 작동 방식을 파괴하고 있다"라고 했다.[28]

소셜미디어는 우리 삶에 깊숙이 들어와 있다. 이제 중요한 것은 기술이 제공하는 편리성에만 의존하는 것이 아니라, 이면에 숨겨진 문제점을 인식하고 대처하는 일이다. 소셜미디어 사용 습관을 점검하고, 상황에 따라 필요하다면 사용 시간을 줄이는 연습도 필요하다. 기술 기업에게는 윤리적 책임을 다하도록 적극 요구해야 한다. 법적 규제와 알고리즘의 투명성을 강화하는 논의도 필요하다.

---

28 자밀 자키, 정지인 역(2021), 『공감은 지능이다』, 심심

가족과 친구와의 대면 소통을 늘리고 인간적인 관계를 회복하는 것이 중요하다. 기술은 중립적이다. 다만 이를 어떻게 사용하느냐에 따라 삶은 전혀 다른 방향으로 흘러간다. 이제 우리는 질문해야 한다. 우리는 무엇을 얻고, 무엇을 잃고 있는가?

　　2018년 영화 〈서치〉는 한 아버지가 위험에 빠진 딸을 인터넷 검색과 소셜미디어를 이용해 구하는 내용이다. 주인공 '데이비드 김'은 딸 '마고'가 실종되자 먼저 노트북, SNS, 이메일, 메신저 기록 등을 뒤졌다. 그러고는 여기에서 발견된 실마리를 따라가며 딸의 행적을 추적한다. 다양한 소셜미디어를 활용해서 실종 사건의 단서를 찾아가는 과정이 흥미롭다.

　　이 영화는 온라인 커뮤니케이션 기술이 우리 삶에 얼마나 깊숙이 파고들었는지를 보여준다. 동시에 기술이 문제해결의 도구가 될 수 있음을 보여준다. 기술이 우리의 사고방식과 인간관계까지 영향을 주고 있다는 점을 기억해야 한다.

　　전 세계 사람들이 커뮤니티와 소셜미디어를 이용해 소통한다. 타인의 삶을 자연스럽게 엿볼 수 있어서 자기와 비교하기도 한다. 그러나 소셜미디어에 올라오는 사진과 이야기는 삶의 특정한 순간을 과장해서 보여줄 가능성이 높다. 삶의 고통과 평범한 모습을 굳이 올릴 필요는 없기 때문이다. 한편 자기 모습을 불특정 다수에게 가감 없이 보여주면 범죄에 노출될 우려도 있기에, 적절하게 자신을 보호하고 방어하는 태도가 필요하며 이것은 심리적으로도 건강하다는 의미다.

현대사회는 '소비 사회'다. 소비 사회는 소비의 균등과 차별을 동시에 추구한다. 물질적인 풍요 속에서 대중의 소비 수준이 전반적으로 상승해 소비의 균등화가 이루어진다. 반면에 '소비의 차별화'를 통해 사회적 불평등과 차별을 심화하기도 한다.

그래서 사회이론가 장 보드리야르(Jean Baudrilard)[29]는 "소비는 사회 전체를 균등화하기보다는 오히려 사회적 차별화를 심화하는 일종의 '계급 제도'"라고 주장했다. 즉 소비의 차별화는 새로운 상품화를 통한 이윤 추구의 기회를 제공하고, 부유층에게는 자신의 부를 과시하면서 차별화할 수 있는 상징을 제공한다는 것이다.[30] 그리고 미디어가 이런 측면을 더 부추긴다.

드러내지 않기 혹은 사라짐의 기술

철학자 피에르 자위(Pierre Zaoui)의 책 『드러내지 않기』는 제목부터 흥미롭다. 언제부터인가 자기를 드러내는 일이 미덕이 된 시대에서 '드러내지 않기 위한 기술'이라니 새로운 느낌이다. 자기를 드러내지 않음으로써 얻는 이득이 분명히 있다는 것을 알면, 인식

---

29 장 보드리야르는 프랑스의 포스트모더니스트 사회이론가다. 저서로 『소비의 사회』 『시뮬라크르와 시뮬라시옹』 등이 있다.

30 비판사회학회(2014), 『사회학: 비판적 사회읽기』, 한울

의 전환이 이루어질 수 있다.

　드러내지 않기는 생존 본능에서 비롯된 기술이다. 더불어 현대 사회에서도 과시나 불필요한 노출로부터 자유로울 수 있는 선택이다. 타인의 순수한 모습이나 자신만의 평온한 순간을 즐길 때, 우리는 이를 더 깊게 이해할 수 있다.

　오랫동안 생명의 역사를 이어온 생명체들은 자신을 드러내지 않음으로써 생존을 이어갔다. 자신보다 강한 존재 앞에서 '위장과 기만' 기술을 활용해왔다. 그런데 위장과 기만 기술은 약자만의 것이 아니다. 맹수도 존재를 숨길 때가 있다. 자기가 왔음을 곧바로 드러내면 먹잇감들이 멀리 달아나기 때문이다. 이는 자신을 드러내는 것은 곧 상대에게 노출되는 것이기에, 상당한 위험이나 손실이 생길 수 있음을 보여준다.

　어린아이가 놀이에 빠져 있는 상황을 몰래 엿보았을 때, 내가 잠시 자리를 비운 동안 집으로 초대한 손님들이 서로 대화하는 그 순간, 우리는 드러내지 않기의 미덕을 볼 수 있다. 그들은 누군가를 의식하지 않기에, 꾸밈없는 순수한 모습을 우리가 볼 수 있는 것이다.

　심야버스를 타고 어디론가 향할 때를 상상해보라. 맨 뒷자리는 내가 꼽는 명당자리다. 문이 닫히고 버스가 달리기 시작하면, 창밖에는 어둠이 내린다. 창밖의 풍경은 어둠이 대신하고 차창에 비친 내 얼굴만이 나를 바라본다. 버스 안에 불이 꺼지고 사람들은 하나둘 잠들기 시작한다. 그러면 나는 미리 준비한 맥주 한 캔을 따서 한 모금 들이켠다. 그때의 짜릿함과 알싸함이 기분 좋다.

이처럼 타인의 삶에 거리를 두고 내 삶과 비교하지 않고 관조할 수 있다면, 불필요한 자극이나 불안에서 자유로워진다.

세계와 지나치게 가까워지거나 멀어지라는 것이 아니다. 적당한 거리에서 균형을 유지하며 살아가는 것이 중요하다. 이는 권력이나 타인과의 관계에서도 동일하다.

소설가 프란츠 카프카(Franz Kafka)는 "세계와 너의 싸움에서 세계를 보좌하라"고 했다. 그저 순수하게 세계에 존재할 수 없음을, 세계가 그로 하여금 외부의 존재와 사물의 적당한 거리를 찾도록 끊임없이 투쟁하게 만든다는 것을 말하고 싶었나 보다. 너무 가까우면 잡아먹히니까 안 되고, 너무 멀면 외롭고 버림받은 느낌이 들기 때문이다.[31]

세상과 소통하며 살아가야 한다는 것은 인간과 살아 있는 모든 생명체의 운명이다. 현대인이 살아가는 세계, 특히 불특정 다수에게 자신을 드러내는 행위도 마찬가지다. 너무 지나치지도 부족하지도 않은 지혜가 필요하다. 그럼에도 소셜미디어 중독에서 벗어나기 어렵다면 스스로에게 반문해보자. '소셜미디어가 내가 원하는 인간관계를 넓혀주었는가? 내 삶이 풍요로워졌는가?'

영화 〈소셜 네트워크〉로 돌아가보자. 여자친구가 다른 방식으

---

31 피에르 자위, 이세진 역(2017), 『드러내지 않기』, 위고

로 남자친구를 대했으면 어땠을까? "너가 날 무시해? 너는 뭐가 그렇게 잘났는데?"라고 말하는 것은 이미 본인의 열등함을 인정하는 꼴이다.

> **여** 사람들이 너보고 눈치 없다고 하지?
>
> **남** (놀라며) 어떻게 알았어?
>
> **여** (웃으며) 그러니까 사람들이 너를 싫어하는 거야.
>
> **남** (어리둥절한 표정으로) ….
>
> **여** 오늘 할 일이 있다는 걸 잊었어. 집에 가봐야 해. 나중에 전화할게.

다른 결말을 상상해보자. 영화 속 남자가 인간관계에 몰입을 했더라면 어땠을까? 지금 같은 거대자본의 수혜자가 되지는 못했을 것이다. 다만 세상은 좀 더 인간적인 방식으로 소통하고 있을지 모른다.

SNS 활용법 및 단절하는 방법

SNS 활용법

- ✅ 목적을 분명하고 구체적으로 설정하기: SNS를 하는 이유가 '사람들과의 소통'처럼 막연한 것보다는 구체적인 목적으로 설정하는 것이 좋다. 그래야 불필요한 에너지 소모나 시간 낭비를 줄일 수

있다. 목적이 분명하고 구체적이라면 타인의 삶에 관심을 두기보다는 아이디어와 영감을 얻는 데 초점을 맞출 수 있다.

- ✅ 팔로우 정리하기: 다른 사람의 프로필이나 게시물 등을 꼼꼼히 살펴보고 팔로우하는 것이 필요하다. 단지 팔로우 수를 늘리겠다고 아무나 팔로우하면 나중에 정리하기도 힘들다. 스트레스의 요인이 되기도 한다. 그러니 팔로우를 끊거나 차단을 해서 정리하는 것이 좋다.

SNS 단절하는 방법

- ✅ 주말이나 일정 기간 SNS를 아예 사용하지 않는 '디지털 디톡스'를 실천한다.
- ✅ 스마트폰 알림을 비활성화한다.
- ✅ 여행, 독서, 운동 등으로 자신의 내면에 집중한다.
- ✅ SNS 계정을 비활성화하거나 삭제하는 것도 하나의 방법이다.

세상은 위험하다,
모든 사람을 믿을 수 없다

글쓰기와 독서, 변화를 이끌다

에린 그루웰(Erin Gruwell)은 23세의 고등학교 초임 교사다. 캘리포니아의 윌슨고등학교에서 교사 생활을 시작했다. 그녀는 남다른 열정으로 수업을 준비하고 학생들을 맞이했다. 이 학교는 주로 어려운 환경에서 자란 흑인, 아시아계, 라틴계 등의 학생들이 다녔다. 대부분의 학생들은 절망 속에서 하루하루를 살아갔고, 폭력과 빈곤으로 얼룩져 있었다.

초보 교사의 열정만으로 학생들을 변화시킬 수 있을까? 에린은 달랐다. 그녀는 당차고 능력 있는 교사였다. 학생과의 말싸움에서도 주저하지 않고, 목표를 위해 끊임없이 노력했다. 폭력과 거짓이 만연한 환경에서 자란 아이들은 학교 생활에 열정이 없었다. 수업도 제대로 안 들었다. 폭력이 난무하던 학교에서 에린은 학생들을 잘 이끌어갈 방법이 무엇인지 고민했다.

에린은 학생들의 신뢰를 얻기 위해 다양하게 시도했다. 그녀는 학생들이 마음속에 품고 있는 고민거리를 솔직하게 털어놓도록 했다. 그리고 일기장을 준비했다. 일기 쓰기는 자유였다. 작성한 글도 본인만 볼 수 있다고 비밀 보장을 약속했다. 의외로 많은 학생들이 일기를 쓰기 시작했다. 일기를 쓰면서 학생들은 변화하기 시작했다. 마음속의 고통과 분노를 일기장에 털어놓으며 자기를 객관적으로 바라볼 수 있었다.

에린은 글쓰기 다음 단계로 독서를 제안했다. 독서는 아이들의 변화를 이끌었다. 학생들은 자기와 비슷한 상황을 다룬 이야기를 읽으며 희망과 용기를 얻었다. 독서를 통해서 얻은 통찰력은 사고력을 넓히고 수업 참여도를 높이는 데 도움을 주었다. 책을 읽는 행위를 넘어 정신 건강까지 증진시켰다. 학생들은 책 속의 주인공과 자기를 동일시하며 문제해결도 모색했다. 이 과정들을 통해 학생들은 몰라보게 성장했고 인생이 변화하기 시작했다.

안타깝게도 동료 교사들은 에린을 비난했다. 시기와 질투였다. 심지어 에린의 남편조차 그녀를 이해하지 못했다. 에린은 저녁마다 아르바이트를 하며 아이들의 책을 사주느라 가정생활에 소홀했기 때문이다. 설상가상으로 학교 방침 때문에 에린은 담임을 맡을 수 없게 되었다.

에린은 어려움을 담담히 받아들였다. 학생들에게 미래를 당당하게 펼쳐나가라고 응원했다. 학생들 역시 에린을 지지하며 목표한 바를 이루어나갔다.

초반에는 에린이 다가가려 할수록 아이들은 멀어졌다. 아이들은 사람과 세상을 신뢰할 수 없었기 때문이다. 이때 에린이 제시한 것이 일기 쓰기와 독서였다. 이를 통해 아이들은 공감과 통찰이라는 기회를 얻었다. 과정은 험난했지만 아이들은 몰라보게 성장했다.

이 이야기는 『프리덤 라이터스 다이어리』에서 다룬 감동 실화다. 미국의 교사 에린 그루웰과 학생들이 공동으로 집필한 책이다. 교육, 인종, 빈곤, 폭력 등의 문제를 다방면으로 다루었다. 윌슨고등학교에서 시작된 에린의 특별한 교육 경험, 학생들의 변화 과정은 이후 영화화되었다. 교육 현장에서 부딪힐 수 있는 면면을 현실적이고 사실감 있게 그려내 공감을 이끌어내기도 했다.

글쓰기는 일종의 자기 고백이다. 고해성사를 하듯, 겪었던 이야기를 말이든 글이든 표현하고 나면 속이 후련해지는 느낌이 든다. 감정을 해소할 수 있고 생각을 정리하는 과정에서 객관화가 가능하다는 장점이 있다.

글쓰기의 효과를 3가지로 정리하면 다음과 같다.

첫째, 글쓰기를 통한 자기 고백은 과거에 겪은 심리적인 외상을 직면하게 한다. 이를 통해 외상을 치료할 수 있다.

둘째, 글쓰기 고백은 자신의 현재 상태와 위치를 살펴보게 한다. 이로써 참여자의 삶을 통합하고 조직화하는 데 도움을 준다.

셋째, 글쓰기 고백은 통찰력을 얻을 수 있다. 이를 바탕으로 타인을 이해하고 수용하도록 도와 대인관계를 성숙하게 만든다.[32]

아이들은 독서를 통해 주인공과 자신을 동일시한다. 주인공이 난관을 헤쳐 나가는 모습을 보며 위로와 용기를 얻는다. 학령기 때의 글쓰기와 독서는 지적 능력을 높이고 자존감을 고취시킨다.

독서치료(bibliotherapy)는 그리스어인 'biblion(책, 문학)'과 'therapeia(도움되다, 의학적으로 돕다, 병을 고쳐주다)'라는 두 단어가 합성된 용어다. 문학을 사용해서 혹은 책을 통해 정신 건강을 증진시키는 치료 기법이다.

하인즈-베리(Hynes-Berry)는 독서치료의 목표를 다음과 같이 정리했다.

- 반응하는 능력 향상
- 자신에 대한 이해 증가
- 밀접하고 개인적인 대인관계 명료화
- 현실을 보는 견해 넓히기[33]

---

32 김영신(2008), '글쓰기 고백을 활용한 내적치유상담 프로그램 개발 및 효과검증', 한남대 석사논문
33 이찬숙(2011), 『긍정적 행동지원을 활용한 독서치료』, 양서원

현실의 고통을 기록으로 승화한 일기장

보스니아 내전을 겪은 작가 즐라타 필리포빅(Zlata Filipovic)은 자신의 고통과 감정을 일기장에 담았다. 그녀는 전쟁의 참상을 알리고 인간의 존엄성을 드러내는 메시지를 전했다. 그녀는 '일기'에 대해 이렇게 말했다.

"일기장은 공포와 의문, 슬픔까지 모두 받아주었다. 나는 일기를 통해 글쓰기의 아름다움을 발견했다. 전쟁이 지속된 2년 동안 나는 계속 일기를 썼고, 그것은 내게 현실의 상처를 치유하는 과정이었다."

글쓰기와 독서는 학령기에 접어든 학생이라면 필수로 해야 할 활동이다. 대개 아이들은 학교에 들어가기 전부터 글을 읽기 시작한다. 어느 정도 글을 읽으면 쓰기 시작한다. 읽기와 쓰기는 연동되는데, 학습을 하려면 읽기와 쓰기가 선행되어야 한다. 학교에서 가르치는 수업의 대부분이 읽고 쓰기로 구성되어 있다. 때문에 읽기와 쓰기가 능숙하지 않으면 학습을 따라가기가 어렵다.

다른 친구들은 알아듣는데 나만 못 알아듣는다면 어떨까? 여기에서 오는 소외감이나 고립감은 생각보다 크다. 지능상에 문제가 없는데 학업이 어려운 아이, 학습장애나 학습부진을 겪는 아이들 상당수는 정서적으로 우울감을 느낀다. 자존감 역시 낮아서 부적응 행동이나 탈선으로 이어질 가능성이 높다.

『프리덤 라이터스 다이어리』 속 아이들은 환경의 영향으로 학습부진을 겪은 것 같다. 문화나 교육적으로 혜택을 못 받아서 배경지식과 경험이 부족한 것이다. 문제 상황이 생겨도 적절한 대안을 생각하지 못하고 충동적으로 반응하며 상당히 공격적으로 행동한다.

에린이 낸 글쓰기 과제 덕분에 아이들은 변화했다. 처음으로 자기의 문제를 글로 적었고, 이 과정에서 객관적으로 자신을 바라보았다. 처음에는 불행한 환경에 분노했지만 시간이 흐르면서 자신을 차분하게 돌아보았다. 그리고 앞으로 어떻게 살 것인지 생각해보는 시간도 가졌다. 여기에 적절한 대안이 제시될 필요가 있다. 자기와 비슷한 고민을 가진 책 속의 주인공을 보며, 현실에서 닥친 문제를 어떻게 해결할 것인지 배워보는 것이다.

다음은 책 속의 인상적인 한 장면이다.

… 사로드의 튀는 행동이 짜증이 난 반 아이 하나가 인종차별적인 그림을 그린 것이다. 그 그림을 본 사로드는 울 것 같았다. 그림을 뺏어든 나는 아이들에게 고함을 질렀다. "이건 나치들이 홀로코스트 때 썼던 선전하고 다를 게 없어!" 그러자 한 아이가 "홀로코스트가 뭐예요?"라고 묻는 게 아닌가. 나는 아이들에게 되물었다. "홀로코스트에 대해 들어본 사람 있니?" 그러나 아무도 손을 들지 않았다. 이번엔 "그럼 총에 맞을 뻔한 사람은?" 하고 물었다. 그러자 거의 모든 아이가 손을 들었다.

『프리덤 라이터스 다이어리』를 추천하는 글을 일부 발췌하면 다음과 같다.

> 203호 교실의 교사 에린 그루웰은 참된 교육이 어떻게 인생을 역전시키는지 보여준다. 문학수업에는 치유하는 힘이 있다.

글을 읽고 해독하고 해석하는 과정에서 어휘력, 집중력, 이해력, 사고력 등이 향상된다. 그러므로 다소 시간이 걸리더라도 이 시기에는 다양한 독서를 해서 지적능력을 개발하는 것이 중요하다. 아이들은 이 과정에서 자신도 모르는 사이 성장한다. 그리고 문제해결 방안을 찾는다.

아이들은 글쓰기와 독서로 자신의 상처를 들여다보고 직면했다. 상처를 극복했고 좀 더 나은 미래를 꿈꾸었다. '어차피 노력해 봤자 달라질 건 없어'라는 생각이 '노력하면 바꿀 수 있어'로 바뀌었다. 사회에서 말하는 '문제아'였어도 대학을 졸업하고 사회의 당당한 일원이 될 수 있었다.

누군가는 이 이야기를 '기적'이라고 말할지 모른다. 중요한 것은 에린처럼 아이들에게 관심을 갖고 적절한 방법을 제시하면, 더 많은 아이들이 어둠에서 벗어나 밝은 세상으로 나올 수 있다는 사실이다.

진정한 소통은
상대의 마음을 읽는 것이다

'마음이론'과 '마음읽기'

심리학자 마틴 도허티(Martin Doherty)는 책 『Theory of Mind(마음이론)』에서 다음과 같이 말했다.

"당신이 심리학자라고 말하면 대부분 좋은 반응을 얻지 못한다. 대개 '아, 당신은 내가 하는 말 모두를 분석하고 있겠군요'라는 식이다. 반은 맞고 반은 틀리다. 사실 수년간 연구를 해왔음에도 심리학자들이 주변 사람들의 마음속에서 무슨 일이 벌어지고 있는지를 알아내는 데 있어, 다른 사람들보다 나을 게 별로 없다. 그 이유는 인간이 본래 타고난 심리학자이기 때문이다. 우리는 다른 사람들에 대해 끝없는 관심을 가지고 있으며, 가벼운 만남에서도 끊임없이 타인의 심리 상태를 추론한다."

도허티는 영국 셰필드에서 태어나 브리스틀대학교에서 심리학을 전공했다. 이후 워릭대학교에서 인지과학 석사 학위를 마친 뒤, 서식스대학교에서 마음이론 연구의 선구자 인 요제프 페르너(Josef Perner)의 지도 아래 박사 학위를 받았다.

나는 그의 글을 읽으며 피식 웃음이 새어 나왔다. 심리학자로 살아오며 겪었던 경험들이 떠올랐기 때문이다. 심리학을 전공했다는 말에 많은 사람들은 "내가 무슨 생각하는지 맞춰보세요" 혹은 "아, 들키면 안 되는데"라는 식으로 말했다. 그런 말을 들은 지 벌써 20여 년이 훌쩍 넘었다.

심리학자일지라도 상대의 얼굴만 보고, 말 몇 마디 나눈 것만으로 마음을 읽어내기란 불가능하다. 심리학자에게 투시 능력은 없다. 한 사람을 깊이 이해하려면 많은 시간과 신뢰할 수 있는 자료가 필요하다.

때로는 낯선 사람이 사무실로 전화를 걸어 문제를 털어놓으며 해결책을 물을 때가 있다. 그러나 내가 할 수 있는 말은 "시간을 내서 직접 방문해주세요" 정도다. 이름도, 배경도 모르는 사람에게 어떤 상담을 해줄 수 있겠는가? 그리고 어떤 해법을 제시할 수 있겠는가? 가끔은 주변 사람들이 "왜 나한테 상담할 때처럼 안 대해요?"라고 할 때가 있다. 그럴 때마다 나는 농담처럼 답한다. "그럼, 돈 내!"

'사람들 스스로가 자연스러운 심리학자'라는 도허티의 표현에 공감이 된다. 인간은 본래 자신과 타인에게 관심이 많고, 그 마음을 추론하고 이해하려고 한다. 제인 오스틴(Jane Austen)의 『오만과 편견』은 그런 심리 묘사의 전형이다. 젊은 남녀의 밀고 당기는 사랑 이야기가 무척 재미있다.

소설 속 '엘리자베스'는 '다아시'의 관심을 눈치채고, 그의 태도와 의도를 추론하려 한다. 그녀는 다아시가 다른 사람들을 평가할 때 사용하는 기준과 태도를 분석하고, 그에 대한 나름의 판단을 내린다. 이 장면에서 엘리자베스는 미묘한 심리학적 분석을 수행한다. 독자 역시 그녀의 생각을 더 깊이 이해하려 애쓴다.

우리는 이러한 심리적 추론을 무의식적으로 자연스럽게 해낸다. 이것이 바로 '자연 심리학자'로서 인간의 본성을 보여준다. 이와 같은 일상적인 심리학의 핵심이 마음이론(theory of mind)이다. 이는 인간의 고유한 능력이다. 그래서 심리학자 닉 험프리(Nick Humphrey)는 우리를 호모 사피엔스보다는 호모 사이콜로지쿠스(homo psychologicus)라 부르는 것이 더 적절하다고 제안한 바 있다.

내가 대학생 시절에 처음 접했던 '마음이론'은 매우 생경한 느낌이었다. '마음에 이론이 있다고? 왜 마음이론일까?' 싶었다. 마음이론은 마음이 어떻게 이루어졌고, 어떻게 행동에 영향을 미치는지를 이해하려는 이론이다. 마음이론이 발달되지 않았다면 타인의 마음을 이해하기 어렵고, 이에 따라 사회생활을 하기 어렵다는 결론에 도달한다. 이는 흔히 '사회성'이라 부르는 능력과 연결된다. 보다 정확히 말하면 사회인지(social cognition)의 핵심이 된다.

사회인지는 인간관계와 사회생활에서 타인의 감정, 사고, 의도, 믿음 등을 이해하고 판단하는 인지적 처리 과정이다. 그리고 사회적 관계를 이해하고 해석하는 데 필요한 사고 능력이다. 감정이입, 공감, 마음이론, 마음읽기 같은 하위 개념과 밀접하게 연관된다.

사회성은 개인이 사회적 관계에서 타인과 원활하게 상호작용하고, 그들로부터 관심과 인정을 받고자 하는 자발적 경향과 능력을 의미한다. 이는 단순한 외향성과는 구별된다. 개인의 건강한 심리 발달과 사회 적응을 평가하는 중요한 심리 지표다. 사회성은 행동적 기술, 사회인지는 언어적·인지적 기반에 근거한다고 할 수 있다.

마음이론은 타인과 자신이 각각 고유한 심리 상태를 지니고, 이것이 행동에 영향을 준다는 입장이다. 이에 비해 마음읽기(mind reading)는 타인의 심리 상태(감정, 믿음, 욕구 등)를 추론하고 해석하는 능력이다. 이 과정은 단순한 흉내 내기나 모방을 넘어 타인의 입장을 고려하고, 그들의 내면 상태를 추론하는 방향으로 확장된다.

아동은 놀이 속에서 역할을 주고받고 가상의 상황을 설정하며, 타인의 행동에 내재된 의도와 감정을 추측한다. 이러한 경험의 축적은 감정이입 능력(empathy)과 궁극적으로 마음이론의 획득으로 이어진다.

마음이론	마음읽기
고유한 심리 상태가 행동에 영향을 준다는 이해	타인의 심리 상태를 추론하고 해석하는 능력
2세경 시작, 4~5세 틀린 믿음(false belief) 이해	18~24개월부터 가장놀이, 상상놀이 등으로 발달
지각, 요청하기, 정서 이해 등 기초 능력 필요	가장놀이, 표정 해석 등으로 상황 파악
'마음이 존재함'을 이해하는 능력	'그 마음의 내용'을 추론하는 능력

▲ 마음이론과 마음읽기 비교

위 도표는 마음이론과 마음읽기를 비교한 도표다.

아동의 마음읽기 능력은 또래와의 놀이 같은 사회적 상호작용을 통해 점진적으로 발달한다. 이는 마음이론의 형성에 결정적이다. 이러한 발달 과정이 이루어져야 사회인지가 충분히 발달한다. 그렇지 않으면 사회 기능 전반에 부정적인 영향을 미친다.

특히 타인의 감정과 의도를 정확하게 이해하고 이에 적절히 반응하는 능력은 원활한 의사소통의 핵심 요소다. 따라서 마음이론과 마음읽기의 발달은 단순한 인지 능력을 넘어선다. 의사소통 능력의 기초를 형성하는 심리적 메커니즘이다.

PART 3

의사소통

COMMUNICATION

우리가 언어의 생태학을 연구하기 위해서는
해부학적, 생리학적 그리고 언어 사용자들의
사회 환경적 차원에서 언어의 뿌리를
추적함으로써 가능하다.
단지 이러한 방법만이 인간이 기계로서가 아니라
동물로서 언어를 인식하고 언어를 생산한다고
설명할 수 있을 것이다.

: 마이클 스튜어트 케네디

말과 언어의
한계

영화 〈올드보이〉의 대사 속 이면

말은 음성학적 소리를 통해 자신의 의사를 전달하므로 '의미 있는 소리'다. 언어는 음성학적이고 청각적인 말소리를 포함한 문자, 수화, 그림 등을 포함한다. 언어는 말을 포함하고, 의사소통은 말과 언어, 비언어적인 측면까지 포괄한다.

우리는 의식적이든 무의식적이든, 자신의 생각이나 감정을 그대로 언어로 표현하지 않을 때가 있다. 상황에 따라 자신의 생각과 다르더라도 "맞습니다" "저도 그렇게 생각합니다"처럼 겉으로는 동의의 말을 건넬 수 있다. 이는 사회적 상황에 맞춰 행동하고

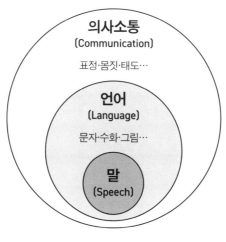

▲ 의사소통·언어·말의 관계

불필요한 마찰이나 갈등을 피하려는 태도와 관련이 있다.

따라서 말 그대로의 표현이나 문자 의미만을 그대로 받아들이는 것은 오해를 불러올 수 있다. 상대의 말을 이해할 때는 비언어적 단서까지 함께 고려해, 그 이면에 담긴 의미를 파악하려는 노력이 필요하다.

어떤 이는 내면으로는 삶이 무의미하고 즐겁지 않다고 느끼지만, '우울한 모습을 보이면 사람들이 싫어할 것이다'라는 사회적 인식 때문에 겉으로는 '행복하다'라고 표현한다. 이는 거짓말이 아니다. 무의식적으로 빠르게 표현되는 자동적인 반응일 수도 있다. 이렇게 억지로 웃고 즐거운 척할 수는 있으나 내적 갈등은 심화되어 사람들을 만나는 횟수가 줄어든다. 말로는 '즐겁다' '행복하다'

라고 할 수 있지만 심적 부담은 표정이나 행동으로 드러나게 되어 있다.

영화 〈올드보이〉에서 주인공 '오대수'는 다른 사람과 주고받는 대화에서 복잡한 심리를 잘 보여준다. 그는 술에 만취한 채 경찰서에서 난동을 부린다. 경찰의 질문에는 엉뚱한 대답을 한다. "오늘만 대충 수습하며 살자, 그래서 오대수"라며 우스갯소리를 남기고는 그날 밤, 누군가에게 납치된다.

오대수는 8평 남짓한 공간에서 15년이나 갇혀 지내며 복수를 다짐한다. 그의 감금은 단순한 우연이 아니었다. 그는 과거에 무심코 내뱉은 말 때문에 타인의 삶을 파괴했고, 이로 인해 끔찍한 대가를 치른 것이다.

오대수를 감금한 '우진'은 이렇게 말한다. "오대수는요, 말이 너무 많아요." 이 대사가 단순히 오대수가 수다스러운 사람이라는 의미일까? 아니다. 오대수가 해서는 안 될 말을 한 죄를 '은유적'으로 표현한 것이다. 오대수가 내뱉은 말은 우진과 누이의 삶을 파괴했고, 그녀를 자살에 이르게 했다. 우진은 오대수에게 똑같은 고통을 안기겠다며 복수를 결심한다. 영화는 한 인간의 부주의한 언행이 어떻게 치명적인 결과를 초래할 수 있는지를 극단적으로 보여준다. 이를 짐작하게 하는 대목이 있다.

"자갈이나 바윗돌이나 물속에 가라앉기는 마찬가지예요."

영화 〈올드보이〉는 '근친상간'이라는 금기를 통해 선과 악의 불분명함을 보여준다. 그리고 어떤 인간도 이로부터 자유로울 수

없음을 보여준다. 부주의하게 내뱉은 말로 시작되었지만 그 결과
는 치명적이다. 우진이 말한 대사의 이면을 이해하지 못하면 그가
왜 오대수를 15년이나 감금하고 그의 딸을 만나도록 했는지 이해
할 수 없을 것이다.

비언어적 요소의 중요성 살펴보기

사람은 말과 언어로 생각을 표현한다. 이때 문자 그대로 해석하
고 끝내서는 안 된다. 우리가 의식하든 의식하지 못하든 표정, 몸
짓 같은 비언어적인 의사소통도 동시에 사용한다. 그렇기 때문에
상대방의 의도를 정확하게 파악하고자 비언어적 요소에 집중하는
경우도 많다.

물론 의사소통에서 '말'과 '언어'는 중요하다. 그런데 말만으로
충분하지 않다. 심리학자 앨버트 메라비언(Albert Mehrabian)은 책
『silent messages(침묵의 메시지)』에서 "비언어적 행동이 의사소
통에서 중요한 역할을 한다"고 주장했다. 그는 말과 비언어적 신
호가 불일치하면 사람들은 행동에 주목하고, 비언어적 행동을 잘
이해하는 사람이 자신의 감정을 잘 전달함은 물론이고 대인관계
나 예술 활동, 리더십 등 다양한 역할에서도 성공할 수 있다고 보
았다.

메라비언은 성공적인 의사소통을 위해서는 "말의 내용이 7%,

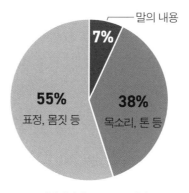

▲ 메라비언의 7-38-55 법칙

목소리, 톤과 같은 청각적 요소 38%, 표정과 몸짓 같은 비언어적 요소(시각적 요소)가 55%를 차지한다"고 주장했다. 이를 '메라비언의 7-38-55 법칙'이라고 한다. 특히 감정이 담긴 메시지를 해석할 때 이 비율이 중요하다. "좋아해"라는 말을 할 때 표정이 무뚝뚝하면 신뢰를 얻지 못하는 것처럼 말이다. 그의 주장처럼 비언어적 의사소통은 언어적 의사소통보다 큰 역할을 한다. 인간도 동물이라는 점, 즉 태초에 우리의 언어는 몸짓으로부터 발달되었기에 당연한 결과 아닐까?

사람들은 말을 할 때 몸짓을 동반한다. 몸짓은 일찍부터 시작된다. 영아들은 종종 단어를 말하기 전에 알아들을 수 있거나 의미 있는 몸짓을 사용한다.

린다 에이커돌로(Linda Acredolo)와 수잔 굿윈(Susan Goodwyn)에 따르면 아동은 스스로 베이비 사인을 만들어낸다. 연구에 따르

면, 한 아동은 무는 행동을 모방하기 위해 두 손을 모아서 열었다
닫았다 하면서 악어를 나타내었고, 한 아동은 헐떡이는 것처럼 혀
를 내밀어서 개를 표현했다. 영아는 발성기관보다 손의 운동을 먼
저 통제할 수 있기 때문에 생애 첫해에는 사인의 사용을 촉진한
다. 흥미롭게도 초기 몸짓과 이후 어휘 발달에는 관계가 있고, 몸
짓을 더 많이 할수록 빨리 익히는 어휘 수도 많았다.

메라비언의 법칙을 실감할 때가 외국인과 대화할 때가 아닌가
싶다. 분명 내 영어 실력은 나아진 것이 없는데, 이상하게도 소통
이 된다는 느낌이 들 때가 있다. 상대의 표정과 눈빛, 손짓 등을 통
해 마음이 통한다는 느낌이 들 때다.

외국인 Do you like Beer?

나 Oh, No!

외국인 (아쉬워하는 표정) Oh, really?

나 (장난기 어린 표정) I don't like it. I love it!

나는 맥주를 좋아하는 게 아니라 사랑한다는 말을 하면서 약간
과장된 표정을 지었다. 외국인은 그제야 내 생각을 알아차리고 웃
음을 터트렸다. 짧은 영어로 외국인을 웃길 수 있다니! 반전 효과
와 그에 맞는 표정이 적절히 맞아떨어졌기에 가능한 일이었다.

역설적이고 모순된 의사소통, 이중메시지

30대 중반의 내담자가 상담실을 찾았다. 내담자의 고민은 잠이 오지 않아서 힘들다는 것과 부부관계였다. 그녀는 불면증 때문에 너무 피곤한데 남편이 잠자리를 요구해서 너무나 싫다고 했다. 그녀의 안색은 좋지 않았다. 수면이 부족해서인지 금방이라도 쓰러질 듯한 표정이었다. 그런데 옷차림은 좀 달랐다. 긴 생머리를 한 여성은 가슴이 깊게 파인 옷에 짧은 치마를 입고 있었다. 두 아이의 엄마라고는 다소 어울리지 않는 복장이라고 느껴졌다.

상담이 끝나고 여성은 천천히 일어났다. 문을 열고 인사를 건네자 살짝 얼굴을 돌린 채 인사를 하고 걸어 나갔다. 그런데 누군가를 의식하는지 걷는 중간중간 얼굴을 살짝 돌리는 행동을 반복했다. 무엇보다 걸음의 속도도 매우 느렸다. 속도감의 차이는 그녀의 행동을 두드러지게 만들었다. 문득 영화 〈M. 버터플라이〉의 한 장면이 떠올랐다. 한동안 내 머릿속에 떠나지 않았던 그 포즈였다. 남자를 유혹하기 위해 주인공 '릴링'이 취했던 그 포즈….

동물은 빠르게 움직이는 물체에 본능적으로 반응한다. 움직이는 물체에 주의를 기울이는데, 주의를 끌어당기는 움직임을 '주의포획(attentional capture)'이라고 한다. 주의(attention)는 주요한 자극에 선택적으로 집중하는 능력이다. 누군가와 대화를 하거나 다른 일에 집중하고 있을 때, 무언가가 우리 옆을 지나가면 즉각적으로 그것에 주의를 빼앗긴다. 이런 행위는 거의 무의식적으로 또는 반사적으로 일어나는 것 같다.

물론 주의 포획이 움직임만 관련된 것은 아니다. 자극의 현출성(stimulus salience), 즉 특정한 대상이나 위치가 잘 띠는 색, 대비, 움직임, 방위 등과 같은 물리적 속성으로 인해 주의가 비자발적으로 이전되는 현상도 주의 포획이다. 독특한 의상이나 헤어 스타일을 하고는 멀리서 나를 알아보고 손을 흔든다면 금방 눈에 띄는 것과 같다.

이는 동물의 생존에 중요한 역할을 한다. 그런데 대개 이런 움직임은 빠른 속도와 관련이 있다. 반면에 느리게 움직이는 것, 특히 주변과 비교해서 현저히 느리게 움직이는 것도 주의를 끈다. 이를 잘 이용하는 것이 유혹의 기술로 사용될 수 있다.

영화 〈M. 버터플라이〉의 송 릴링은 여장을 한 남성이다. 릴링은 움직임의 속도를 이용해 한 남성(르네 갈리마르)을 유혹하는 데 성공한다. 느린 속도로 움직이는 것은 '지각적 대비(perceptual contrast)'를 이룬다. 예를 들어 붐비는 거리에서 빠르게 걷는 사람들 사이에 한 명이 천천히 걷는다면 눈에 훨씬 더 잘 띄는 것과 같다. 천천히 움직이는 것은 확신과 자제력을 상징한다. 보는 사람이 우아함(elegance)이나 자신감(confidence)으로 인식할 가능성이 크다. 이는 서브커뮤니케이션(sub-communication)으로 작용해 상대를 무의식적으로 주목하게 만든다.

천천히 움직이는 동작은 기대감을 높이고 상대방의 반응을 감정적으로 유도할 수 있다. 또한 사람이 무엇인가를 예측할 때 도파민 시스템이 활성화되는데, 갑작스러운 움직임보다 천천히 진행되는 움직임일수록 기대감을 지속시키는 효과가 있다.

정말 마음에 드는 이성이 눈앞에 나타났을 때를 상상해보라. 그를 중심으로 슬로우 모션이 펼쳐진다. 시간이 멈춘 것처럼 느껴지기도 한다. 이를 역이용해서 누군가는 슬로우 모션을 일부러 만든다. 그러고는 타인의 시선을 끄는 것이다. 아주 교묘하게. 그때 내담자의 고민은 다른 것이 아니었을까? 속마음과 언행이 불일치하는 이유는 무엇일까?

이중메시지는 말의 내용과 말하는 이의 표정, 행동, 억양 등이 모순되는 역기능적 의사소통이다. 일상에서 매우 빈번하게 사용된다. 이중메시지는 안정적인 인간관계를 혼란에 빠뜨릴 수 있다.

원치 않은 임신으로 결혼을 한 여자가 있다. 그녀의 결혼 생활은 불행했다. 아이는 건강하게 자랐지만 남편과의 불화는 걷잡을 수 없이 커져만 갔다. 여자는 엄마로서 아이에게 사랑을 주어야 하는 책임감을 느끼지만, 아이를 보고 있노라면 자신의 삶을 포기한 것 같아 원망스러웠다. 엄마로서 해야 할 기본적인 행동은 하지만, 혼란스러운 감정 때문에 양육 태도가 일관적이지 않았다. 엄마는 잘못을 저지른 아이에게 "당장 나가!"라고 혼을 냈다. 아이가 문을 열고 나가려고 하면 그녀는 어떻게 말할까? "너 나가면 혼날 줄 알아!"라고 소리친다. 아이는 나가야 하는지 있어야 하는지 헷갈리고 불안하다.

인간은 통제할 수 없는 무기력한 상황에 맞닥뜨리면 의욕이 떨어지고 부정적인 사고와 정서가 생긴다. 더구나 정서와 지능이 미성숙한 아이에게 이중메시지를 던지는 엄마라면, 아이는 불신만 생길 뿐이다. 부모와의 관계에서 불신을 경험한 아이들 중 다수가 타인을 쉽게 못 믿는다. 많은 경우 비판적이고 방어적인 성격을 갖기도 한다.

부모와 자식 사이에도 사랑과 미움은 동시에 존재한다. 더욱이 원치 않은 임신을 했다거나 그 때문에 꿈을 접어야 했던 경우라면 양가감정(모순된 감정)을 느낄 수 있다. 본인의 감정을 인식하지 못한 채 엄마는 아이에게 이중메시지를 전달하게 된다.

생각과 개념을 표현하는 과정에서 무의식적인 심리, 그동안 살아오면서 학습된 것, 환경적인 압력, 문화적 배경 등이 개입할 수 있다. 그래서 본의 아니게 속마음과 다른 이야기를 할 때가 있다. 때로는 의도하는 바와 달리, 언어적 요소와 비언어적 요소가 불일치하는 경우가 있다. 생각을 언어로 표현하는 과정에서 의도와는 다르게 전달될 수 있다는 뜻이다. '저 사람이 무슨 뜻으로 이런 말을 한 거지?'라며 그 의도를 궁금해한다. 그러나 마음을 솔직하게 표현하지 못하고, 상대의 의중을 파악하지도 못해 오해를 하거나 상처를 입는다. 따라서 의사소통의 핵심은 말뿐 아니라 비언어적 요소를 포함해 메시지를 종합적으로 이해해야 한다.

의사소통 과정에는 다양한 기술이 있다. 이메일, 문자메시지, 메신저 등이 그렇다. 일대다 혹은 다대다로 소통한다. 코로나19 팬데믹의 영향으로 화상회의 같은 디지털 커뮤니케이션 기술도 확산되었다. 감염병 확산을 막기 위해 사람들은 만남이나 외부 활동을 줄였다. 특히 대면 활동을 줄이고 이를 화상회의로 대체했다. 그 결과 비언어적 요소를 이용한 소통이 줄었고, 이에 따른 오해가 늘었다는 데 문제가 있다.

나 역시 화상으로 강의를 할 때가 있다. 작은 화면으로 청중의 의중을 파악하려니 한계가 있는 것도 사실이다. 이외에 비언어적인 문화적 차이도 고려해야 한다. 문화에 따라 손짓이나 눈맞춤 등 비언어적 신호가 다르게 해석될 수 있어서다.

타인과의 의사소통에서 오해는 피할 수 없는 일이다. 더욱이 비언어적인 신호와 단서들은 상황에 따라 달리 해석될 수 있으므로 상대의 마음을 추측하기보다는 구체적으로 질문을 해서 확인하는 것이 좋다.

만약 누군가가 다리를 떨고 있다. 이때 "어디가 불편하신가요?"라고 물어보는 것은 상대의 행동을 관찰한 것이자 확인의 질문이 될 수 있다. 이에 상대는 "아, 제가 그랬나요? 저도 몰랐네요"라고 반응할 수도 있고, 혹은 "네, 요즘 스트레스를 많이 받아서 그래요"라고 답할 수도 있다. 관찰과 질문의 방식은 상대방의 상태를 직접 확인하고 소통의 정확성을 높이려는 시도이자 불필요한 오해를 줄이는 데 도움이 된다.

몸은
진실을 말한다

언어적 표현과 비언어적 행동의 관계

영화 〈공공의 적〉을 보자. 잔인하게 살해된 노부부가 있다. 그의 아들은 경찰서에 출두해서는 말을 잇지 못하고 눈물을 흘리면서 슬프게 운다. 이를 지켜보는 형사들도 마음이 저려온다. 그러던 중 형사 '강철중'은 책상 밑으로 떨어진 볼펜을 줍다가 우연히 아들의 다리 떠는 장면을 목격한다. 슬픔에 잠긴 것처럼 보이는 아들이 서류에 지장을 찍고 나가자 강철중은 의미심장한 표정으로 말한다.

"너 울면서 다리 떠는 거 봤냐? 슬퍼서 우는 게 아니야. 금전 관계 조사해봐라."

언어적 표현과 비언어적 행동은 밀접하게 연결되어 있고 상호 보완하는 역할을 한다. 두 요소가 일치하지 않을 때도 있다. 이는 내면 갈등이나 양가감정을 암시하기도 한다. 영화에서처럼 '울면서 다리를 떠는 것'만으로 범인임을 단정할 수는 없다. 다만 언어 표현과 신체 반응 간의 불일치는 석연치 않은 느낌을 준다.

언어적 내용과 함께 비언어도 의사소통에서 중요한 역할을 담당한다. 몸짓, 손짓, 표정, 목소리의 높낮이와 떨림 등을 포괄하는 비언어적 행동은 언어적 내용과 조화를 이룬다. 이때 비언어적 행동은 없어서는 안 될 중요한 정보나 추가 정보를 제공한다. 따라서 대부분의 사람들은 이 단서를 잘 활용한다.

예를 들어 두 사람이 진지하게 대화를 하고 있다. 서로가 눈을 마주 보며, 상대가 말을 할 때는 고개를 끄덕이거나 "응, 그렇구나"와 같은 장단을 맞춘다. 손짓, 발짓을 하며 상대의 이해를 돕기 위한 제스처도 적절히 곁들인다. 반대로 상대의 이야기를 듣기 싫다면? 고개를 숙이고 다른 곳을 응시하거나 때로는 하품을 한다. 또는 다리를 떠는 등 상반된 행동을 한다.

언어적 내용이 애매하거나 내용이 상황에 맞지 않을 때는 어떨까? 말하는 사람이 거짓말을 하고 있는지 알고 싶다면 비언어적 행동을 유심히 보자. 비언어적 행동은 자율신경계의 지배 아래 있으므로 의식적으로 완전히 통제할 수가 없기 때문이다. 특히 뇌에서 멀어질수록 이 통제에서 벗어나기가 쉽다. 따라서 발이나 다리의 움직임이 '거짓을 말할 때 발을 떠거나 하는 식'으로 말고 다른 반응을 보일 수 있다.

자율신경계는 무의식적으로 작동하는 생리 반응을 조절하며 교감신경과 부교감신경으로 나뉜다. 감정이 유발되면 자율신경계가 활성화되어 심박수 변화, 땀 분비, 혈류 변화, 근육 긴장, 표정 근육 반응 등 비언어적 신체 변화가 다양하게 나타난다. 이 변화들은 대부분 의식적 통제 바깥에 있으며, 감정을 숨기거나 조작하려 해도 미세하게 드러날 수 있다.

심리학자 폴 에크만(Paul Ekman)은 책 『텔링 라이즈』에서 이렇게 말했다. "얼굴 표정이 거짓과 진실 모두를 나타낼 수 있는 이중 시스템을 가지고 있는데, 의도적으로 얼굴 표정을 통제할 수 있지만 때때로 본인조차 인식하지 못한 채 얼굴에서 드러나는 표정들이 있다."

그는 미세표정(microexpressions)이 0.25초 정도의 짧은 시간 얼굴에서 나타났다 사라지는데, 진실을 드러내는 경우가 많다고 주장한다. 예를 들어 우울감으로 자살을 하려 했던 환자가 자신이 더 이상 우울하지 않다고 거짓을 말했다. 하지만 말을 한 순간, 슬픔의 표정이 잠깐 나타났다 사라지고 그 이후 미소가 나타났음을 발견했다. 이런 식으로 그녀의 진심이 무의식적으로 드러났다는 것이다. 미세표정은 변연계에 의해, 즉 감정에 의해 촉발되기 때문에 의도적으로 만들어내기가 어렵다. 순간적으로 나타났다 사라지기에 포커페이스가 어렵다.

반려견도 표정을 통해 감정을 주고받는다. 실제 감정과 무관하

▲ 동물의 표정

게 의도적으로 슬픈 표정을 지어서 사람의 반응을 이끌어낼 수도 있다. 사람의 뇌 또한 얼굴 인식과 표정 해석에 특화되어 있다. 짧은 순간에도 상대방의 성별, 나이, 감정 상태를 파악하고자 애쓴다. 얼굴 인식 능력은 생존에 유리하기 때문에 뇌는 얼굴 정보를 우선적으로 처리한다. 실제로 얼굴이 없는 사물에서도 얼굴을 인식하려는 경향이 있다. 이모티콘처럼 단순한 기호도 얼굴로 인식한다.

뇌 구조에 비유하자면 표정은 다른 비언어적 신호와 달리 독립적인 고급 공간(마치 펜트하우스처럼)에서 처리된다. 표정은 감정을 전달하는 가장 빠르고 강력한 수단이기 때문이다. 표정을 통해 감정이 자동으로 표현되고, 이를 통해 타인의 감정을 인식하고 공감이 가능해진다. 결국 공감은 얼굴 표정을 인식하는 능력에서 출발

하며, 이는 인류에게 진화가 선사한 중요한 선물이라 할 수 있다.[34]

언어적 내용과 비언어적 내용이 불일치하는 경우를 보자. 기쁜 일을 침울한 말투로 이야기하는 경우라면, 나이가 어릴수록 언어적 표현에 의존해서 판단하는 경향이 강하다. 반면에 나이가 들수록 비언어적 내용에 의존해서 판단하는 경향이 강하다. 이는 사회화를 통해 대인지각의 방식이 변해가는 과정을 보여준다. 사람들은 나이가 들수록 상대방의 말을 그대로 받아들이기보다 숨겨진 의미와 맥락을 읽어내는 데 익숙해지기 때문이다.

피아제의 인지발달이론에 따르면, 어린이는 구체적 사고에 집중하는 반면에 성인은 보다 추상적이고 다층적인 정보를 고려할 수 있다고 한다. 이는 성인이 될수록 말의 표면적 의미를 받아들이기보다 숨겨진 맥락과 비언어적 단서를 읽어내는 능력이 향상됨을 의미한다.

말보다 큰 울림을 주는 침묵의 순간

영화 〈샤인〉은 비언어적 메시지가 언어적 메시지보다 훨씬 더 큰 감동을 줄 수 있다는 사실을 상기시킨다. 영화의 주인공 '데이비

---

34 디르크 아일러트, 손희주 역(2024), 『감출 수 없는, 표정의 심리학』, 미래의창

드 헬프갓'은 불운한 천재 피아니스트다. 그의 실제 정신연령은 어린아이 수준이다. 그래서인지 그의 표정은 언제나 해맑다. 귀에 이어폰을 낀 채 두 팔을 벌리고 하늘을 향해 뛰어오르는 포스터 속 모습은 관객들에게 깊은 인상을 남겼다.

사실 영화에서 이 장면은 주인공이 벌거벗은 몸에 코트만 걸치고 아이처럼 뛰고 있는 다소 민망할 법한 장면이다. 이 모습을 한 여인이 목격한다. 그녀는 당황스러우면서도 묘한 표정으로 그를 뚫어지게 바라본다. 시간이 지나 데이비드는 그녀에게 사랑을 고백하며 결혼해달라고 한다. 남부럽지 않게 여생을 마무리하기에 충분한 미망인에게, 철부지와 다름없는 중년 남자의 프러포즈는 가당치도 않은 일이라 생각했다. 그래서 그녀가 데이비드가 머물던 곳을 떠날 때, 제안을 거절할 것이라고 생각했던 것 같다.

잠시 후 넓은 창 앞에 서서 바다만 하염없이 바라보고 있는 그녀의 뒷모습이 클로즈업된다. 그녀는 바다를 바라보고 또 바라본다. 영화는 침묵하면서 그녀의 내면을 그렇게 보여준다.

말보다 행동이나 침묵이 더 많은 것을 전달할 때가 있다. 이미 누군가를 사랑하는 한 여인의 가슴을 짓누르는 슬픔과 고통의 무게가 그 어떤 대사보다 크게 전달되는 듯했다. 일상에서도 마찬가지다. 모든 생각과 감정을 말로 표현할 수 없고 그럴 필요도 없다. 얼마 후 그녀는 데이비드에게 돌아와 청혼을 받아들인다. 그리고 그의 가장 든든한 후원자가 된다.

침묵은 단순히 말하지 않는 상태가 아니다. 침묵은 말보다 많은 의미를 갖고 있을 때가 많다. 다만 잠깐의 침묵도 어색해하는 사람들이 있다. 특히 침묵의 의미가 명확하게 와닿지 않는 경우에는 더하다.

외모는 마음에 들지만 말수가 적은 이성을 만났을 때 대개 말이 많아진다. 대화는 두 사람 간에 교감이다. 친해지면 침묵도 편안하게 느껴진다. 말하지 않아도 느껴지는 것들이 있어서다. 꼭 말을 많이 해야 할까? 사랑하는 연인이 서로를 바라볼 때의 눈빛, 말없이 손잡고 기대어 걸을 때 느껴지는 편안하고 충만한 느낌은 말로 설명할 수 없는 영역이다.

계속되는 침묵이라면 참기 어려울 수 있다. 상대가 아무 반응이 없거나 간간이 하품을 하는 것, 혹은 손장난은 자기 이야기에 집중하고 있지 않다는 의미다. 상대의 얼굴 표정, 눈의 초점, 사소한 동작 등으로 침묵의 의미를 추정해볼 수 있다. 다만 일대일 대응식의 정답은 없다. 상대방의 심리를 어느 정도 파악하는 단서를 준다는 정도다.

상대의 의중을 과민하게 받아들이거나 스스로의 잘못된 인지적 도식에 의해(실제로는 그렇지 않은데 '사람들이 나를 좋아하지 않는다'는 일방적인 생각에 빠진 경우) 상대의 생각을 내가 마치 다 들여다볼 수 있다고 믿는 '독심술적 오류'에 빠질 수도 있다.

사람들 앞에서 말하기를 두려워하는 사람한테는 '내가 말주변이 없어서 잘 웃기지 못하기 때문에 사람들이 나를 좋아하지 않을 것이다'라는 생각이 깔려 있을 수 있다. 그래서 소심하게 건넨

한 마디에 상대가 별다른 반응을 보이지 않으면 이러한 생각이 활성화되면서 점점 위축된다. '무슨 말을 해야 하지?'라는 생각에 점점 압도되어 할 말이 없어지는 상황이 되어버리는 것이다. 유머감각이 타고나는 능력인지 알 수는 없으나, 유머에는 여유가 필수다. 마음이 열려 있는 사람들은 타인의 생각을 잘 받아들이기도 하고 다양한 경험을 통해 화젯거리도 많다.

침묵이 악몽 같았던 개인적인 경험이 있다. 상담을 처음 시작했을 때, 나를 처음으로 찾아온 내담자가 한 마디도 하지 않아 식은땀이 났었다. 그때 혼자서 얼마나 많은 말을 떠들었는지. 이럴 때는 "무슨 말을 해야 할지 몰라서 그런가요?" "지금 대답을 해줄 수 있나요?"라는 식으로 질문하라고 배웠건만, 정작 상황에 맞닥뜨려서는 머릿속이 하애졌다.

침묵은 다양한 의미를 함축한다. 침묵에는 생각을 하고 있다거나 감정에 압도되어 어찌할지 모르는 상태, 혹은 마음속에 있는 말을 차마 하기가 껄끄럽거나 말을 했을 때 상대방의 반응이 어떨지 걱정이 되는 상태, 지금 이 순간 정말 어떤 말을 해야 할지 잘 모르는 상태 등 여러 경우가 있다.

침묵한다는 것은 '무엇인가 생각을 하고 있는 것'이다. 더 깊이 있는 대화를 하기 위해서 잠깐의 침묵은 필수다. 그 시간 동안 상대가 한 말의 의미를 이해하고 자신의 생각을 정리해 어떤 말을 할지 생각할 수 있다. 침묵을 수용하는 것은 상대에게 생각할 시간을 주고, 상대가 느끼는 어려움을 이해하고 받아들인다는 의미로 해석할 수 있다. "무슨 말을 해야 할지 몰라서 당황하고 있군요. 누구나 갑작스러운 상황에서는 할 말을 잃고 혼란스러울 수 있습니다. 진정될 때까지 기다리겠습니다."

상담자뿐만 아니라 대부분의 사람들은 침묵을 견디기 힘들어한다. 침묵을 상대방의 부정적인 감정과 연결시키는 경향이 있다. 무언가 어색하고 상대방이 나를 싫어한다거나 화가 났다거나 불편해한다거나 등의 의미로 받아들이기 때문에 스스로 불편해진다. 상대가 이런 상황을 감지하면 그 역시 불편해지기 때문에 악순환이 이어진다.

사람은 상대가 자신과 유사한 행동을 할 때 편안함을 느낀다. 자신이 기대했던 반응이 나오지 않으면 어색해하고 불편해하기 십상이다. 반대로 지속적으로 쉴 새 없이 이야기를 하는 것은 자신의 감정이나 타인의 감정을 느끼지 않으려는 시도일 수 있다. 무엇인가에 몰두함으로써 그 당시 일어나는 불편한 감정을 회피할 수 있기 때문이다.

침묵은 여러 가지 상황에서 다양한 의미를 지닌다.

- 생각의 정리: 침묵은 대화를 멈추고 상대의 말을 이해하거나 자신의 생각을 정리하기 위한 시간으로 사용된다. 이는 대화를 깊이 있게 이어가기 위한 중요한 과정이다(예를 들어 상담자가 내담자의 말을 경청한 후 침묵을 통해 자신의 답변을 숙고하는 상황).

- 감정의 표현: 침묵은 말로 표현하기 힘든 감정(슬픔, 분노, 당혹감 등)을 드러낸다. 이때 침묵은 단순한 말의 부재를 넘어 감정의 무게를 전달하는 중요한 도구가 된다(예를 들어 영화 〈샤인〉의 여주인공처럼 침묵 속에서 내면의 갈등과 슬픔이 드러나는 장면).
- 불편함의 신호: 침묵은 대화에서의 어색함이나 불편함을 나타내기도 한다. 이때 상대는 침묵을 거부감 또는 부정적인 신호로 받아들일 수 있다(예를 들어 20대 여성의 사례처럼 침묵이 상대방에게 혼란과 긴장을 유발하는 상황).
- 거부 또는 거절: 의도적으로 말을 하지 않음으로써 상대방의 요청이나 의견을 거절하는 수단으로 사용될 수 있다(예를 들어 의사소통이 단절된 부부 사이의 침묵).
- 존중과 수용: 상대를 존중하거나 그들의 어려움을 수용하는 태도로 해석될 수 있다(예를 들어 상대가 힘든 상황에 처했을 때, 굳이 말하지 않고 곁에 있는 것만으로도 위로를 전할 수 있다).

침묵의 심리학

○ 거울신경세포

사람은 무의식적으로 상대방의 행동과 감정을 모방하려는 경향이 있다. 침묵이 길어지면 상대방의 어색함이 자신에게도 전달되며, 서로의 긴장 상태가 악순환할 수 있다. 이는 거울신경세포의 발견으로 보다 정확히 규명되었는데, 거울신경세포의 활동은 전운동피질(premotor cortex)과 후두정부 대뇌피질(inferior parietal cortex, 하위 두정엽의 피질)에서 나타난다.

거울신경세포는 우리가 특정한 움직임을 할 때, 또는 타자가 특정한 움직임을 하는 것을 관찰할 때 활동한다. 그리고 우리가 타자의 움직임을 관찰할 때도 거울신경세포에는 타자의 행동이 거울처럼 반영된다는 것이 실험에서 밝혀졌다. 즉 우리가 누군가를 관찰하고 있을 때 우리도 마치 그 상대가 된 듯 유사하게 행동한다는 것이다.

라마찬드란(Ramachandran)과 오베르망(Oberman)에 의하면 거울신경세포는 행동의 모방과 언어습득에서 가장 중요한 역할을 한다. 이러한 견해에 동조하는 학자들은 아직 증거는 불투명하지만 자폐성 장애가 거울신경세포의 장애와 관련될 것이라고 추측한다.[35]

○ 인지부조화

사람들은 대개 일관되고 조화로운 심리 상태를 선호한다. 한 측면에서 유사성이 발견되면 다른 측면에서도 유사하다고 여기고

---

[35] 조숙환(2015), 『언어는 어떻게 소통되는가』, 소나무

싶어 하는 경향이 있다. 프리츠 하이더(Fritz Heider)는 이러한 경향이 우리의 인지 체계 내에서 '인지적 균형(cognitive balance)' 상태를 형성한다고 보았다. 다만 이 균형이 깨졌다고 느끼는 순간, 사람은 심리적 불편과 긴장을 경험한다.

레온 페스팅거(Leon Festinger)의 인지부조화(cognitive dissonance) 이론은 사람들이 자신의 태도, 신념, 행동 사이에 불일치를 인지할 때 심리적으로 불편한 각성 상태를 경험하며, 이를 해소하려는 방향으로 심리적 조정을 시도한다고 설명한다. 이 부조화를 줄이기 위해 사람들은 태도를 바꾸거나, 새로운 인지를 추가하거나, 행동을 정당화하려는 노력을 한다.

인지부조화는 '침묵'이 애매모호하게 해석되는 상황에서도 발생할 수 있다. 대화 중에 상대가 아무런 반응 없이 침묵을 유지할 때, 평소에 침묵을 부정적으로 인식하는 사람이라면 이 침묵의 의미를 해석하려는 심리적 압박을 경험할 수 있다. 침묵이 상대의 무관심, 거부감, 불편함 등으로 해석되면, '상대는 나와 이야기하고 싶어 하지 않는다'라는 신념이 형성되고, 기존의 '우리는 원활히 소통하고 있다'는 믿음과 충돌을 일으켜 인지적 불일치를 유발한다.

다음은 인지부조화를 잘 보여주는 예다.

- 상대는 평소에 대화를 잘 이어가던 사람이다. 그런데 어느 날 질문에 침묵으로 일관한다면?

➡ '왜 대답하지 않지? 내가 뭘 잘못했나?'라는 불일치된 상황 인식이 생기고 심리적 긴장이 발생한다.

- 회의에서 어떤 제안을 했는데 모두가 침묵한다면?

➡ '내 제안이 이상한가? 사람들이 나를 싫어하나?'라는 생각이 떠오르며 기대와 현실의 충돌로 인지부조화가 발생할 수 있다.

그 결과, 사람은 침묵의 불편함을 해소하기 위해 자신의 행동을 조정한다. 말을 멈추고 감정을 닫아버리거나 상대에 대한 부정적인 태도를 형성함으로써 상황을 해석하려 할 수 있다. 이 과정은 부조화를 줄이기 위한 인지적 재구성의 일환이다.

침묵 그 자체로 인지부조화를 유발하는 게 아니다. 침묵이 기대되는 반응과 불일치를 발생시킬 때, 그리고 그 의미가 명확하지 않아 해석을 요구할 때 인지부조화적 긴장 상태가 생긴다. 특히 관계 속에서 상호작용의 맥락이나 개인의 경험, 감정, 해석 방식에 따라 반응은 더욱 복합적으로 나타난다.

모든 감정과 생각을 말로 표현할 수는 없다. 때로는 침묵이나 몸짓이 언어 이상의 메시지를 전달한다. 감정을 더 풍부하고 진솔하게 드러내기도 한다. 이는 말로 다 표현할 수 없는 인간관계의 복잡성과 깊이를 반영하는 것이다.

세상이 너무 시끄럽게 느껴질 때가 있다. 온갖 소음이 사람들을 지치게 만들기도 한다. 말도 그중 하나다. 불필요한 말은 소음과 다름없다. 잠시라도 서로의 평안을 위해 휴대폰이나 TV를 끄고, 자신만의 공간에서 여유를 갖는 태도가 필요하다.

레온 페스팅거와 메릴 칼스미스 실험

연구 참가자들은 지루한 과제(나무판자에 꽂힌 못 돌리기)를 수행한다. 그런 다음 참가자에게 "이 과제가 재미있었다"라고 말하는 대가로 1달러나 20달러를 받는다.

지루한 과제를 수행한 참가자들의 태도를 측정했다. 20달러를 받은 참가자들은 태도가 전혀 변하지 않았으나 1달러를 받은 참가자들은 그 과제가 더 재미있었다고 평가했다. 1달러를 받은 사람들은 스스로가 거짓말을 했다고 생각하고 이 불일치를 제거하기 위해 태도를 바꾼 것이다. 그러나 20달러(당시 20달러는 현재 100달러 이상의 가치임)를 받은 사람들은 상당한 액수를 받았기에 태도를 바꿀 생각을 하지 않았다.

이러한 반태도적 행동은 불충분한 정당화가 있어야 일어난다. 재미없는 과제를 "재미있다"고 말하는 행동은 매우 적은 보상, 불충분한 정당화로 인해 일어날 수 있다.

눈은 사람의
마음을 담는 창이다

눈과 뇌의 관계

오래전 〈진실게임〉이라는 예능 프로그램이 있었다. 여러 명의 출연자들이 진짜 같은 가짜, 가짜 같은 진짜를 찾아내는 내용이었다. 진짜 스튜어디스를 찾아내야 했던 방송에서는 후보가 두 팀으로 압축되었다. 두 팀 모두 진위를 가리기 어려울 정도여서 선택을 해야 하는 패널들은 고민에 빠졌다.

그런데 그중 한 여자의 말하는 태도가 내 눈에 띄었다. 질문에 논리 정연하게 답변했지만, 말할 때마다 눈동자가 우측 상단 쪽으로 움직였다. 무엇인가 생각을 하는 듯한 행동이었다. 나는 '아, 저

여자가 거짓말을 하고 있구나!'라고 생각했고 예상은 적중했다. 너무나 완벽해 보였지만 그 팀은 아나운서 지망생들이었다.

감각정보를 받아들일 때 중요한 기관 중 하나가 눈이다. 눈은 빛에너지를 받아들여 이를 기초로 상을 만든다. 신호는 시각피질뿐만 아니라 두정엽과 측두엽 등에도 전달된다. 즉 눈을 통해 들어오는 정보는 아주 작은 단위라도 뇌를 활성화시킨다. 역으로 뇌의 어느 영역이 활성화되는가에 따라 눈동자의 움직임도 달라진다.

우뇌는 감각적인 사고 활동을 담당한다. 이때는 눈동자가 왼쪽으로 움직인다. 좌뇌는 논리적인 사고 활동을 담당하는데, 이때는 눈동자가 오른쪽으로 움직인다. 이는 신경언어프로그래밍(NLP; Neuro-Linguistic Programming)에서 다루는 개념이다. 예전에 본 것을 떠올릴 때는 눈이 위로, 들은 것은 옆으로, 느낌이나 감정을 떠올릴 때는 오른쪽 아래, 혼잣말의 경우 왼쪽으로 움직인다고 한다.

신경언어프로그래밍의 연구 동향과 상담 효과[36]

신경언어프로그래밍(NLP)은 인간의 감각 체계, 언어 행동, 인지 구조 간의 상호작용을 통해 행동 변화를 유도하는 심리치료 접근법이다. 해외에서는 1980년대에 활발히 연구되었으나 과학적 근거 부족 등의

---

36 신선인(2012), '신경언어프로그래밍(NLP)의 연구동향과 상담효과에 관한 메타분석', 상담학연구

이유로 1990년대 이후 학계에서 비주류화되었다. 그러나 2000년대 중반부터 PTSD(외상후 스트레스장애) 치료 등에서 효과가 재조명되며 관심이 높아지고 있다. 국내에서는 1990년대 중반에 NLP가 소개되었다. 2006년 이후 학위논문 중심으로 연구가 활발해졌다. 특히 아동과 청소년을 대상으로 한 집단상담에서 활용되는 경우가 많다.

감각적 기법(앵커링, 스위시)은 심리적 특성 변화(자아존중감, 불안 등)에, 인지적 기법(타임라인, 목표 설정)은 행동 변화(의사소통, 적응력 등)에 효과적인 것으로 나타났다. 연구자의 숙련도에 따라 상담 효과에 차이가 있다. NLP의 과학적 입지를 강화하기 위해 체계적인 훈련과 경험적 연구의 축적이 필요하다.

눈은 의사소통을 할 때 중요한 역할을 한다. 가족, 친구, 직장 동료와 대화할 때를 떠올려보자. 대화를 하려면 먼저 상대를 바라본다. 시선이 마주치고 상대방이 내 이야기를 들을 상태가 되었다고 판단될 때 말을 꺼낸다. 대화 중에도 간간이 눈을 맞춘다. 너무 오랫동안 바라보면 상대가 부담을 느낄 수 있으므로 눈, 코, 입술로 시선을 분산하며 바라보는 것이 좋다.

시선을 유지하는 적정 시간은 보통 10~15초 정도이지만, 자로 재듯 기계적으로 할 수는 없다. 오히려 어색한 분위기가 만들어질 수 있기 때문이다.

영국의 사회심리학 및 비언어 의사소통 기술의 선구자인 마이

클 아가일(Michael Argyle)은 대화를 할 때 상대를 응시하는 시간에 대해 연구했다. 연구 결과에 따르면, 서구인이 아시아나 남아메리카 문화권에 비해 상대를 응시하는 시간이 길었다. 아시아나 남아메리카 문화권에서는 상대의 눈을 바라보는 태도를 공격적이거나 무례함으로 본다. 일본인은 일부러 시선을 돌리거나 상대의 목을 본다고 한다. 그러나 대부분의 문화권에서 사람들과 좋은 관계를 맺으려면 전체 대화 시간의 60~70%를 시선 교환에 할애해야 호감을 얻을 수 있다.

아스퍼거증후군인 아이와 상담을 한 적이 있다. 드라마 〈이상한 변호사 우영우〉의 주인공을 떠올려보면 이해하기가 쉬울 것이다. 아이는 나와 대화할 때 얼굴을 쳐다보지 않고 내 뒤에 놓인 책들을 뚫어지게 쳐다보았다. 대화 태도도 건성이었다.

"대화할 때는 선생님 얼굴을 쳐다보고 눈을 봐야지"라고 하자 "네"라고 대답하고는 눈을 동그랗게 뜨고 나만 쳐다봤다. 그 모습이 웃기기도 하고 귀여워서 "그런데 그렇게 쳐다보면 사람들이 이상하게 생각하니까, 적당히 간격을 두고 적당히 쳐다봐야 해"라고 했다. 문제는 이 아이에게 '적당히'라는 건 어려운 수학문제를 푸는 것보다 훨씬 어려운 일이다.

심리적으로 불안정한 사람은 시선을 고정하지 못하고 눈동자를 이리저리 굴리거나 정면을 회피한다. 속마음이 드러날까 봐 두려운 심리가 반영된 행동이다. 시선회피는 복종을 의미하기도 하고 곁눈질은 의심을 드러낸다.

눈은 그 사람의 마음을 담는다

흔히 '사람 관리하는 일이 가장 어렵다'라고 한다. 정말 맞는 말인 것 같다. 특히 아주 간단한 정보와 짧은 인터뷰만으로 사람을 뽑기란 더욱 어렵다. 심리상담과 치료를 하는 사람을 채용하는 일이기에 더욱 신중을 기해야 한다.

연구소에 치료 선생님이 필요해서 채용 공고를 냈을 때의 일이다. 연구소로 찾아온 사람은 아담한 체구에 귀여운 인상의 여성이었다. 아이 같은 천진난만한 표정과 무엇보다 순수한 눈동자가 인상 깊었다. 이런 사람이라면 같이 일해도 되겠다 싶어 바로 채용을 했다. 가끔은 이런 즉흥적인 선택, 몹쓸 직관이 내 발등을 찍곤 한다.

치료 선생님과 일하면서 속내도 많이 털어놓고 인간적으로 많이 친해졌다고 생각했다. 그런데 시간이 흐를수록 문제가 드러났다. 출근 시간을 곧잘 어기더니 치료가 있는 날 결근을 한 것이다. 치료하는 동안 치료일지를 단 한 번도 쓰지 않았고, 지키기로 한 약속을 거의 지키지 않았다. 게다가 6개월에 한 번씩 급여를 조정해달라고 했는데, 꼭 떼쓰는 아이 같았다. 어떤 조직이든 그 조직만의 기본 규칙이 있다는 것을 아무리 설명해도 소용이 없었다.

하루는 계약서를 보여주며 계약이 이행되지 않은 일에 대해 물었다. 치료 선생님은 "저는 지금 최선을 다해서 일하고 있으니 믿어주세요"라고 했다. 그러면서 "약속을 지킬 수 없는 이유는 제가

하고 싶은 게 많아서예요"라고 했다. 논리에 맞지 않는 말이었다. 그때 치료 선생님은 눈동자를 이리저리 굴리고 있었다. 약속을 지키지 않은 이유를 나름 논리적으로 설명하면서도 복잡한 자신의 심경(예를 들면 '더 좋은 환경이나 조건을 제시하는 곳이 있다면 그곳으로 가야 하지 않을까?' '내가 언제까지 남 밑에서 이런 소리나 듣고 있어야 하나?' 등)을 숨겼다. 한편 항상 같은 마음으로 최선을 다한다고 말하기 위해 얼마나 많이 머리를 굴렸을지 짐작이 갔다.

계약이란 지키지 않는다면 아무 의미가 없는 것이라는 상식적인 원칙을 일러준 후에 우리의 관계는 종결되었다. 마무리를 잘하고 나가겠다고 해서 송별식도 하고 헤어졌다. 안타까운 것은 신체적인 약점이 아니라, 신체적 약점에 갇힌 마음이다. 사람이라면 스스로 열등하다고 느끼는 부분이 있다. 작든 크든 정도의 차이일 뿐이다. 스스로가 부족하다고 느끼는 열등감은 그것에 함몰되지만 않는다면 얼마든지 생산적으로 작용할 수 있다.

심리학자 알프레드 아들러(Alfred Adler)는 이를 '열등의 보상' 또는 '우월을 향한 노력'이라고 했다. 열등감을 보상하기 위한 시도, 메커니즘은 보상을 위한 노력으로 간주된다. 유기체의 세계도 유사하다. 순환기관에 장애가 생기면 심장은 온몸에서 새로운 힘을 끌어들여 작동함으로써 더 강해지고 확대된다. 이와 비슷하게 정신도 열등감의 압박을 느끼거나 자기가 작고 무력하다고 생각하면 열등감 콤플렉스를 극복하기 위해 극도의 노력을 한다. 권력과 우월을 추구하려는 노력이 극심해서 과잉 보상을 추구하면 병적인 상태에 이를 수도 있다.

많은 사람들이 자신이 만들어놓은 부정적인 상을 극복하지 못하고, 왜곡된 시각으로 세상을 바라보는 경향이 있다. 치료 선생님의 경우에는 자기를 '왜소하고 상처받고 손상되기 쉬운 약한 존재'로 지각하고는 자기 연민에 빠져 있었다.

'세상은 위험하고 믿을 사람이 없으니 내가 살기 위해서는 싸워서 이겨야 하고, 그렇지 않으면 내 존재가 위협받을 것'이라고 생각하는 사람은 타인에게 적대적일 수밖에 없다. 이런 사람은 스스로를 방어하기 위해서 자신의 행동은 정당한 것이라고 합리화한다. 그렇기에 타인의 이익과 권리를 침해할 수 있다.

눈빛은 또 다른 언어다

지금까지 살면서 가장 힘들다고 생각한 순간이 있었다. 열심히 살았다고 생각했는데 아무런 대가도 주어지지 않고, 내가 무엇 때문에 이렇게 살아왔는지 너무나 허무하게 느껴지는 순간이었다. 바야흐로 내가 중년기에 접어들고 있다는 사실을 그때는 미처 깨닫지 못했다.

중년기에 관한 구체적인 개념을 최초로 발전시킨 사람은 융이다. 융에 의하면 중년기는 35~40세 사이에 시작된다. 중년기에 이를 때까지 대부분의 사람들은 외부 세계에 적응하려고 노력한다.

그 결과 안정된 지위와 가정, 권리와 의무를 가진 사람으로 성장한다. 그래서 대부분 중년기는 인생 전반에 잘 적응하고 직업과 가정에서 안정적이라고 여긴다. 그러나 기대와 달리 중년기에 들어서면 새로운 변화에 따른 혼란을 경험한다.

융은 인생의 전반기에는 외부 세계와 밀접한 관계를 맺으면서 살아야 하지만, 인생의 후반기에는 내면세계에 중점을 두어야 한다고 말한다. 융의 환자 중 3분의 2는 직업적인 면에서 큰 성공을 이루고 타인이 부러워하는 사회적 지위를 차지한 40대였다고 한다. 그런데 그들은 현실적으로는 절망과 비참함과 무가치함을 느끼고, 삶의 의미를 잃은 채 공허와 무감각만을 느꼈다. 융은 그들이 사회적 지위를 얻기 위해 쏟았던 에너지가 목적이 실현된 후 철수되었기 때문에 우울 상태가 온 것으로 보았다.

힘들었던 당시, 주변 사람들에게 "지금이 내 인생 최고의 위기인 것 같다"라고 했다. 그랬더니 반응은 대체로 이랬다. "네가 하고 싶은 일 하면서, 신나게 잘 살면서 뭐가 문제야?" 내 이야기는 아예 들어줄 생각도 없었다. 외로움이 갑자기 물밀듯이 밀려오고 아무도 나를 이해해주는 사람이 없다는 생각이 들었다. 삶이 무의미하게 느껴졌다.

그때 우연히 '마릴린 먼로의 마지막 유혹'이라는 제목의 사진전 광고 포스터가 눈에 들어왔다. 마릴린 먼로가 죽기 6주 전에 찍은 사진을 모은 전시회였다. 이제까지 내가 알던 먼로와는 무척 다른 모습이었다. 마릴린 먼로가 사망했을 당시의 나이가 내 나이와 비슷했다는 이유 때문이었을까. '그녀도 지금의 나처럼 힘들지는 않았을까' 하는 생각에 미묘한 감정을 느꼈다.

초등학교 1, 2학년쯤이었을까. 먼로가 사람들 앞에서 노래 부르고 있는 장면을 TV로 보았다. 몸매가 그대로 드러나는 드레스를 입은 여자가 온갖 예쁜 표정을 하면서 노래를 부르고, 남자들은 모두 넋이 나간 모습이었다. 어린 마음에 그게 너무 이상해서 엄마에게 "저 여자가 누구야?"라고 물었다. 엄마는 "마릴린 먼로야"라고 했다. "와, 되게 뚱뚱하다." 적어도 어린 내 눈에는 그렇게 보였다. 그녀의 풍만한 가슴과 엉덩이가 어린아이가 보기에는 부담스러울 정도로 답답한 느낌이었나 보다.

20대 후반에 유럽으로 여행 갔을 때였다. 프랑스에서 밤기차를 타고 독일에 도착했다. 숙소를 정하지 않고 돌아다니는 상황인데다 너무 늦은 밤이라 막막했다. 책에 소개된 한국인이 운영하는 숙소에 전화를 걸었다. 방이 있냐고 하니까 없다고 했다. 갈 곳이 없다고 하니까 우리 사정이 딱했는지 자기 방을 내주었다. 그때 그 아저씨 방에 먼로의 사진이 붙어 있었다. 육감적인 몸매와 귀엽고 사랑스러운 그 표정. 처음으로 먼로가 왜 그렇게 오랫동안 뭇 남성들의 마음을 설레게 했나 이해가 되었다.

그런데 사진전에서 보았던 먼로의 모습은 야위고 핼쑥한 모습이었다. 웃고 있는 얼굴에서 이상하게 슬픔이 느껴졌다. 마치 죽음을 암시하듯 편안하면서도 무기력한 표정이었다. 여유로운 웃음속에는 지금까지 살아온 인생이 그대로 묻어나는 듯했다. 웃고 있지만 웃는 게 아닌, 그 묘한 얼굴을 다시 들여다봤다.

표정은 사람의 감정을 솔직하게 표현하는 강력한 도구다. 다만 때에 따라 어느 정도 조절이 가능하다. 우리는 어려서부터 감정을 솔직하게 드러내면 안 된다고 배웠다. 좋아도 너무 좋지 않은 척, 싫어도 좋은 척을 해야 타인과의 관계를 적절히 유지할 수 있다고 배웠다.

표정은 대뇌피질에서 관장한다. 의식적인 수준에서 어느 정도 관리가 가능하다는 말이다. 표정 관리를 할 수 있는 것도 그 때문이다. 반면에 다른 비언어적인 행동들은 대부분 변연계나 자율신경계의 지배를 받기 때문에 위장하기가 쉽지 않다. 아마도 내가 그녀의 얼굴에서 슬픔을 보았다면 그녀의 눈빛 때문이었을 것이다. 눈빛을 해석하는 것은 뇌의 능력과 연결되어 있지만, 인간이 눈빛 신호를 어떤 식으로 받아들이고 해석하는지에 대해서는 아직까지 명확하지 않다. 다만 감정은 동공을 통해 나타나고 동공의 확대는 정서적인 것과 관련이 있으며, 이를 뇌가 감지한다는 것이다(흥분을 하면 동공이 최대 4배 확대되고, 화가 나거나 부정적인 기분일 때는 동공이 축소된다).

먼로의 표정은 그때의 나에게 무언가 이야기를 건네는 듯 보였다. 이상하게도 그 모습이 다른 사람이 아닌 나 자신처럼 느껴져서 한동안 그 웃음이 머릿속에서 지워지지 않았다.

네 안에 나 있다

표정이나 눈빛을 보고 받아들이는 과정에는 매우 주관적인 심리 상태가 반영될 수 있다. 심리학에서는 이를 '투사'라고 한다. 실제 내용물은 내 안에 있는데 그것이 외부에 있는 것처럼 인식하는 것이다. 바람에 나뭇가지가 흔들리는 것이 아니라, 그 나뭇가지를 보고 있는 자신의 마음이 흔들리는 것이라고 누군가가 말하지 않았던가.

"내가 웃는 게 웃는 게 아니야…"라는 노래 가사처럼 울고 싶어도 울지 못하고 웃어야 하는 경우가 많다. 내 감정을 그대로 내비쳤다가는 사람들에게 비난과 조롱의 대상이 될 수 있다. 때로는 그런 모습을 보이고 싶지 않아서 감추기도 한다.

융은 많은 사람들이 사회적 가면(페르소나)을 쓰면서 살아간다고 말한다. 그래서 사람은 자기 감정에서 점점 멀어지고 스스로의 감정을 인식하지 못하는 것일 수도 있다. 먼로와 같은 스타들은 더욱더 자신을 위장해야 하기 때문에 실제 자신과의 간극이 커진다. 그래서 사람들에게 많이 알려지고 유명해질수록 외로움을 더 느끼는 모순에 빠진다.

기본적인 희로애락을 적절히 표현하고 사는 삶이 가장 건강한 삶이다. 그렇다면 어떻게 적절하게 자신의 감정을 표출할 것인가가 문제다. 감정을 적절히 표출하려면 우선 자신의 감정을 정확하게 인식하고, 내부에서 일어나는 감정들을 수용해야 한다. 이를 위해서는 어느 정도 자신에 대해 느끼고 생각할 시간을 갖는 것이 필요하다. 그런 후에 타인에게 상처를 주지 않으면서 자기 감정을 정확하게 표현하는 것이 중요하다.

무언의 대화,
스킨십이 전하는 감정

스킨십을 부정적으로 생각하는 이유

20대 직장인 B는 남자친구가 손을 잡거나 뽀뽀만 하려 해도 기겁을 하고 도망간다. 남자친구는 불만이 많았다. 그는 여자친구에게 "스킨십 지수가 OECD 최저 수준이야"라며 투덜거렸다. 이런 말을 들으면 B도 노력을 하지만 마음처럼 쉽지 않았다.

B는 남자친구의 제안으로 등산을 갔다. 평소 운동을 즐기는 편이 아니었기에 그리 높지 않은 산인데도 숨이 턱까지 차올랐다. 남자친구에 의지해 겨우 정상에 올랐는데, "키스를 안 해주면 산 밑으로 밀어버리겠다"며 남자친구가 협박을 하더라는 것이다. 우

여곡절 끝에 키스는 했지만 그녀에게 그 기억이 아름답지만은 않았다.

반면 B의 친구 J에게 스킨십이란 친밀감의 표시로 자연스러운 것이다. 꼭 남자친구만이 아니더라도 동성 친구나 어린아이 혹은 어르신과 함께 있어도 스킨십이 자연스럽다. 특별한 의도가 있는 것은 아니다. 스킨십이 비언어적 의사소통의 한 형식으로서 친밀감을 드러내는 데 매우 유용하다는 사실을 잘 알고 있을 뿐이다.

그런데 스킨십을 부정적으로 생각하는 이유는 무엇일까? 다음 2가지로 살펴보려 한다.

○ 반동형성

사람들은 부정적인 정서나 불쾌한 기억들을 억압하며 살아간다. 동시에 이러한 정서와 사고가 언제 수면 위로 불쑥 솟을지 몰라 불안해한다. 심리학적으로 유쾌하지 않은 사고를 억압하는 데에는 상당한 에너지가 소모된다. 이는 개인의 정신적·육체적 피로도를 높여 자신이 가지고 있는 에너지를 생산적으로 사용하지 못하고 무력하게 만든다.

방어기제 중 하나인 '반동형성(reaction formation)'[37]은 용납될

---

37 무의식적인 욕망과 반대 방향으로 나아가고, 그것의 반작용으로 구성되는 심리적인 태도나 습관이다. 가령 수치심은 노출증의 경향과 반대된다. 출처: 장 라플랑슈·장 베르트랑 퐁탈리스, 임진수 역(2024), 『정신분석 사전』, 열린책들

수 없는 충동은 억압하고 이와 반대되는 감정이나 행동을 겉으로 표현하는 것을 말한다. 그래서 반동형성으로 나타나는 행동이나 감정 표현은 과장되어 있거나 부자연스러워 보이는 경우가 많다. 속으로는 적개심이 있지만 겉으로는 지나치게 복종적이거나 친절하게 표현하는 경우가 이에 해당한다.

가령 부모의 사랑을 동생에게 빼앗겼다고 생각하는 아이가 정작 부모 앞에서는 동생을 지나치게 예뻐하는 경우다. 계획에 없던 아이를 낳은 엄마가 그 아이를 지나치게 사랑하는 것처럼 행동하는 경우도 이에 해당한다. 마음속으로는 아이가 자신을 힘들게 한다고 생각하면서도 제 자식을 미워하는 것은 부모로서 용납될 수 없기에 나타나는 행동이다.

B가 스킨십을 거부하는 것은 어렸을 때부터 받은 보수적인 교육 때문일 수도 있다. 보수적인 성교육을 받고 성장했다면, 성적인 접촉에 대한 무의식적 억압이 작용했을 가능성이 크다. 연구에 따르면 성에 대한 부정적 인식이나 억압적인 성교육을 받은 여성들 중 상당수가 성적 친밀감 형성에 어려움을 겪는 것으로 나타났다. 보수적인 교육을 받은 B에게 스킨십이란 '하고는 싶지만 용납될 수 없는 충동'일 가능성이 있다.

일부는 성적회피(sexual avoidance) 또는 성적혐오장애(sexual aversion disorder)를 경험할 수 있다. 이는 신체적 친밀감을 회피하는 심리적 상태로, 특정한 성적 경험과 관련된 불안, 트라우마 또는 성에 대한 부정적인 인식에서 비롯될 수 있다. 연구에 따르면,

어린 시절 성과 관련된 부정적 경험을 했거나 부모로부터 성에 대해 부정적인 메시지를 반복적으로 학습했다면 성적회피 경향이 높아질 가능성이 있다.

우연이든 필연이든 신체적인 접촉이 이루어지면서 두 사람의 관계가 뜨겁게 달아오르는 것은 자연스러운 일이다. 때로는 좋아한다는 말보다 어깨에 살며시 손을 얹거나 다정하게 손을 맞잡는 방법이 훨씬 효과적이다. 물론 피나는 연습과 시행착오를 통해 기술을 습득해야 한다. 오늘도 정진!

○ 애착 이론

존 볼비(John Bowlby)의 애착이론(attachment theory)에 따르면, 어린 시절의 애착 경험은 성인이 된 후에 친밀한 관계 형성에 중요한 영향을 미친다. 불안정애착(insecure attachment)을 형성한 사람들은 친밀감 형성에 어려움을 겪거나 신체적 접촉을 회피하는 경향을 보인다. 이는 어린 시절 부모에게 비일관된 애정 표현을 받았거나 신체적 접촉에 대한 부정적인 기억을 가지고 있는 경우에 두드러진다.

성인애착과 결혼 만족도 관계에 대한 연구를 보자. 결혼 생활에 만족도가 높은 기혼자일수록 배우자와의 관계에서 성적 친밀감보다 정서적 친밀감이 더욱 강하게 나타난다. 동시에 이들은 원가족과의 관계에서 적절한 심리적 유대와 함께 정서적 독립을 유지한다. 그리고 배우자를 포함한 친밀한 대상과의 관계 형성에 거리감과 두려움을 갖거나 지나치게 밀접한 관계 형성에 몰입하지 않았다. 이 결과는 불안정애착(회피, 불안)보다 안정애착을 형성한 사람들이 결혼 만족도가 높고, 성적 친밀감보다 정서적 친밀감이 높은 것은 정서적 친밀감이 성적 친밀감을 견인하는 역할로 생각해볼 수 있다.

스킨십의 심리적 효과와 옥시토신의 역할

스킨십은 비언어적 의사소통의 강력한 수단이다. 아이들은 부모가 자신의 엉덩이를 가볍게 두드리거나 머리를 쓰다듬을 때 안정감을 느낀다. 부모가 적대적이거나 위험한 존재가 아니라 보호와 관심을 제공하는 존재임을 확인하는 과정이기도 하다. 아이들은 신체 접촉을 통해 애정을 주고받으며, 신뢰와 소속감을 형성한다.

한 연구에 따르면, 신체 접촉은 옥시토신(oxytocin) 분비를 촉진해 공감 능력을 높이고 신뢰 및 애착 형성에 기여한다고 한다. 옥시토신은 스트레스를 완화하고 혈압을 낮추는 효과가 있어, 관계 속에서 긍정적인 감정을 증폭시킨다. 국내 연구에서도 신체 접촉이 옥시토신 분비에 미치는 영향과 심리적 안정감에 긍정적인 영향을 미친다고 분석한 바 있다.

칭찬받을 만한 일을 했을 때, 아이들은 부모가 자신의 엉덩이를 가볍게 두드리거나 머리를 쓰다듬어주는 것을 좋아한다. 이 행동은 아이로 하여금 부모가 적대적이거나 위험하지 않으며 관심과 사랑을 주는 사람이라는 사실을 상기시킨다. 그런 판단이 들면 아이들은 두 팔을 벌리고 달려가 안고 뽀뽀한다. 스킨십에 대한 친밀감의 표시를 스킨십으로 돌려주는 것이다. 때로는 볼록 나온 배를 쓰다듬을 때 더 쓰다듬어달라는 의미로 배를 내밀기도 한다.

한번은 너무 산만해서 가만히 있지 못하는 아이를 뒤에서 말없이 끌어안은 적이 있다. 싫다고 반항할 줄 알았는데 아무 소리 않고 가만히 있었다. '선생님은 너에게 화내고 싶지 않아. 그리고 네가 어떻든 선생님은 너를 좋아한단다'라는 비언어적인 메시지가 전달된 걸까? 신체 접촉이 한 마디의 말보다 큰 힘을 발휘하는 순간이었다.

인간은 인간이기 전에 동물이라는 점을 잊지 말아야 한다. 동물들은 상대방에게 다가가 냄새를 맡고 때로는 핥으면서 애정을 표현한다. 이렇게 쓰다듬고 안아줄 때 옥시토신이라는 호르몬이 분비된다. 옥시토신은 공감 능력을 높이고 신뢰와 사랑, 애착 회로를 형성한다. 또한 스트레스를 감소시키고 혈압을 떨어뜨리기도 한다.

스킨십이 익숙하지 않은 사람들도 점진적으로 연습해서 친밀한 접촉에 적응할 수 있다. 연구에 따르면, 신체 접촉을 반복적으로 경험하면 뇌의 거부 반응이 점차 줄어들고 긍정적인 감정을 느낄 가능성이 높아진다고 한다. 따라서 처음에는 어색할 수 있지만, 친한 친구나 가족과 가벼운 신체 접촉을 시도하는 것은 스킨십에 대한 거부감을 줄이는 데 도움이 된다.

스킨십은 단순한 애정 표현을 넘어 정서적 안정과 관계 형성에 중요한 역할을 한다. 처음에는 어색하게 느껴질 수 있지만 작은 시도들을 통해 점차 익숙해질 것이다.

반려동물과 스킨십의 관계

반려동물을 키우는 일은 신체 접촉과 친밀감을 자연스럽게 경험하게 만드는 좋은 방법이다. 나는 동물을 무척 좋아한다. 동물과의 교감은 인간관계에서 얻을 수 없는 충만감을 준다. 어려서부터 꼬물거리는 고양이나 강아지를 보면 어쩔 줄 몰라 했다. 심지어는 물린 적도 있었지만 동물을 좋아하는 마음은 변함이 없었다. 그래서 길고양이 새끼를 직접 키우기도 했다.

나는 반려견 '모모'와 함께 살고 있다. 모모는 이탈리안 그레이하운드의 소형 버전이다. 모모와의 인연은 지금으로부터 5년 전, 페이스북 친구가 올린 글이 계기가 되었다. 개인적인 사정으로 강아지를 키울 수 없어서 대신 키워줄 사람을 찾는다는 내용이었다. 인연이라는 것은 참 묘하다. 집 근처 산책로를 걷다가 우연히 모모와 같은 종의 강아지를 보았다. 나는 한눈에 반해버렸다. 강아지를 키울 계획이 없었지만 '만약 키우게 된다면 저 강아지와 같은 종을 선택하리라'고 마음먹고 나서 얼마 지나지 않아 그 글을 본

▲ 모모를 그린 그림. 내가 그린 그림을 AI가 보정했다.

것이다. 바로 연락을 해서 일주일 만에 모모를 집으로 데려왔다.

　모모를 집으로 데려오던 날, 얼마나 긴장이 되었는지 모른다. 모모는 날렵한 몸매와 크고 동그란 눈망울을 가진 순한 강아지다. 이전 주인이 모모의 짐을 챙겨주고 뒷좌석에 태울 때 단 한 번도 저항하지 않았다. 오는 동안 불편함을 끙끙거림으로 표현하기는 했지만, 차에서 내려 집에 오니 방석에 웅크리고 앉아 조용히 잠을 청했다. 그렇게 우리의 인연이 시작되었다.

　모모는 조용히 나를 따라오기는 했지만, 처음부터 나에게 마음을 다 주지는 않았다. 처음에는 구석진 곳에서 웅크리고 잠을 잤다. 그러다가 시간이 지나면서 나와의 거리를 점점 좁혀갔다. 내가 방으로 들어가 잠을 잘 때쯤 모모는 슬그머니 일어나 주변을 살폈다. 그러고는 방문이 열린 틈으로 오가며 곁눈질로 나를 살폈다. 아직도 그 모습이 선하다.

그러던 어느 날, 내 옆에 와서 내 손에 콧등을 대며 툭툭 치는 게 아닌가. 자기를 쓰다듬으라는 제스처였다. 머리를 쓰다듬으니 앞발을 쭉 내뻗으며 머리를 들이밀었다. 쓰다듬기를 멈추니 다시 콧등으로 손을 툭툭 쳤다. 마치 '나를 쓰다듬어! 나를 쓰다듬어 줘!'라고 말하는 것 같았다. 요즘에는 쓰다듬지 않는 나를 쳐다보며 '왜 안 쓰다듬지? 쓰다듬을 수 있잖아, 팔이 떨어질 때까지'라고 말하는 것 같다.

한 연구에 따르면, 반려동물과의 신체적 교감(쓰다듬기, 안아주기 등)은 옥시토신 분비를 촉진하여 스트레스를 감소시키고 사회적 유대감을 강화하는 효과가 있다고 한다. 이는 반려동물을 키우는 사람들이 대인관계에서도 신체 접촉을 자연스럽게 받아들이는 데 긍정적으로 작용할 수 있음을 시사한다.

어릴 때부터 반려동물과 함께 생활한 사람들은 신체 접촉에 대한 거부감이 상대적으로 낮다. 타인과의 스킨십에도 좀 더 개방적인 태도를 보일 가능성이 높다. 반려동물과의 교감이 신체 접촉을 연습시키는 역할을 했기 때문이다.

반면에 반려동물을 키우면서도 신체 접촉을 최소화하거나 애정을 표현하는 방식이 제한적이라면, 여전히 대인관계에서의 스킨십에 어려움을 느낄 수 있다.

대화의 처음이자 마지막은 경청이다

경청, 백 마디 말보다 중요하다

20대 남성이 찾아왔다. 그의 고민은 '왜 여자친구가 없는지'였다. 지금까지 여러 명의 여자를 사귀었는데 오래가지는 못했다고 했다. 이야기를 들어보니 제대로 사귄 경우가 거의 없었다. 짧게는 하루, 길어야 한두 달 정도 만난 게 전부였다.

청년은 짧은 만남도 연애라고 주장했다. 그의 말을 들어보니 그 이유를 알 수 있었다. 그는 일방적으로 자기 이야기만 늘어놓거나 자랑만 했다. 부지런하기도 해서 여러 자격증이 있는데, 그날도 자격증을 늘어놓으며 자랑했다.

그는 상대와 대화하는 방법을 모르고 있었다. 그가 만났던 여성들은 처음에는 호기심으로 그의 말을 들어줬을 것이다. 그러나 시간이 지나면서 대화가 안 된다는 것을 깨닫고 떠났다. 그는 '이성에게 인기가 있으려면 어떻게 해야 하는지, 어떻게 이성을 사로잡을 것인지, 자격증을 더 따야 하는지, 유머로 상대방을 웃겨야 하는지' 등등 궁금한 것이 많았다.

많은 사람들이 "사람들 앞에서 말을 잘하고 싶다. 여자들에게 인기가 많았으면 좋겠는데 말주변이 없다, 어떻게 해야 하나"라며 묻는다. 대화할 때 가장 중요한 것은 주고받기를 잘하는 것이다. 그러려면 상대의 말을 잘 들어야 한다. 일방적으로 사람들 앞에서 연설을 하는 게 아니라면, 상대방의 입장과 생각을 이해하고 반응해야 한다. 그래야 진정한 대화가 이루어진다. 어린아이들이 말을 배울 때 듣기가 선행되어야 한다. 그다음에 말하기가 이루어진다.

강의를 할 때도 청중과 교감을 하지 않으면 강의가 잘 진행되지 않는다. 최근에는 화상 강의도 많고 온라인 강의도 많아졌다. 앞에 사람이 없이 혼자서 강의를 하는 경우가 많은데 생각보다 쉽지 않은 일이다. 화면을 보고 말한다는 게 어색하기도 하거니와 타인의 반응을 실시간으로 확인하기 어려우니, 잘하고 있는 건지도 모르겠고 말이 꼬이면 여지 없이 재촬영을 해야 하기 때문이다. 대면 강의는 "죄송합니다"라고 말하고 넘어가도 상관없다. 그런데 영상은 그렇게 할 수가 없으니, 어떤 때는 같은 말을 여러 번 해야 할 때도 있다.

인간의 소통 욕구

말을 한다는 것은 서로의 생각과 정보를 나누려는 목적이 있다. 연설이나 강의도 들어줄 사람들이 있기에 하는 것이다. 아무도 없는 곳에서 허공에 대고 말하는 것은 아무 의미가 없다. 특히 발설해서는 안 되는 비밀이 있다면, 그 비밀을 누군가에게 털어놓지 않고서는 버티기가 어렵다. 기본적으로 인간에게는 정보를 공유하고자 하는 욕구가 있기 때문이다.

비밀과 관련된 설화가 있다. 널리 알려진 '임금님 귀는 당나귀 귀'다. 한 논문[38]을 살펴보면, 이 설화는 『삼국유사』의 경문왕과 관련한 이야기로 알려져 있지만, 그리스 신화의 미다스 왕 이야기와 유사해서 더욱 유명해졌다고 한다.

임금님의 귀가 당나귀 귀처럼 커진 비밀을 알게 된 사람이 있다. 그는 비밀을 발설할 수 없어서 아무도 없는 곳에 가서 그 이야기를 털어놓는다. 간단한 서사로 구성된 이 이야기는 '인간은 말하고 싶은 욕구를 충족해야 한다'는 당위성과 관련 있다. 세상에 비밀이 없는 이유는 인간은 자신이 알고 있는 바를, 그것이 중요한 것일수록 누군가에게 발설하지 않고는 버틸 수 없다는 의미이기도 하다.

---

[38] 이강엽(2017), '임금님 귀는 당나귀 귀', 우리말글학회

'임금님 귀는 당나귀 귀'를 '말하고 싶은 비밀'에 초점을 둔다면 이야기 주제는 비밀을 지켜야 하는 복두장이(이발사)가 된다. 그러나 이야기의 방향을 틀어서 비밀을 지키라고 명령하는 사람, 곧 경문왕(혹은 미다스 왕)으로 돌리면 누군가에게 이야기하지 못하도록 억압하는 상황이 된다. 그리고 왕이 그런 역할을 하는 것으로 풀이된다. 임금과 복두장이가 상하관계를 이루어 불합리한 복종을 강요하는 상황이다.

『삼국유사』「기이(紀異)」편에 '제48대 경문대왕(第四十八景文大王)'조(條)는 '임금님 귀는 당나귀 귀' 삽화를 중심으로 크게 네 단락으로 구성된다.

첫째 단락은 주인공인 경문왕이 왕이 되기까지의 우여곡절을 그린 부분이고, 둘째 단락은 왕이 된 후 뱀과 함께 자는 기이한 형태를 담은 부분이다. 셋째 단락은 임금님 귀는 당나귀 귀 삽화이고, 넷째 단락은 화랑들이 노래를 지어 바쳐서 왕이 기뻐하는 부분이다.

그런데 교과서에 수록되는 과정에서 이야기가 개작되어 크게 다음 2가지로 정리된다. 첫째, 임금님 귀는 당나귀 귀 삽화의 주인공인 복두장이의 역할이 축소되었다. 『삼국유사』에서는 임금이 귀가 커져서 병이 난 게 아니라, 임금이 귀가 크다는 사실을 말하지 못해서 복두장이가 병이 났다는 것이다. 심각한 고민의 당사자가 복두장이에서 임금으로 변했다.

둘째, 귀가 커지는 변고를 긍정적으로 해석하면서 문제의 방향을 급선회했다. 마치 '3년 고개에서 한 번 구르면 3년밖에 못 산다'를 '한 번 구를 때마다 3년씩 더 산다'로 해석하는 것처럼 말이다.

훌륭한 통치자는 아랫사람의 소리를 잘 들어야 한다는 교훈을 전하려는 것이 개작의 방향이다. 이는 군사독재 시절을 거치면서 생겨난 시대적 요청으로 보인다. 이 논문에서는 개작으로 인해 원래의 이야기가 주려는 의미가 달라졌음을 강조한다. 일부 이야기의 변형으로 부작용이 있겠지만, 임금님 귀가 기형적으로 커진 부분과 복두장이가 비밀을 알게 됨으로써 겪는 심리적인 불편감을 해소하는 과정은 다르게 해석될 여지가 있다.

이야기를 보면 '임금님 귀는 당나귀 귀'라는 비밀이 온 세상에 퍼진다. 그러자 왕은 괴로워서 병이 난다. 이 병을 고치는 사람은 평범한 농부였다. 농부는 임금님에게 귀가 큰 것을 감추지 말라며 그것은 흠이 아니라고 했다. "백성을 무척 사랑하시기 때문에 임금님의 귀가 그렇게 커진 것입니다. 귀가 크면 백성들이 하는 말을 모두 귀담아 들을 수 있지 않겠습니까?"**39** 세상에 비밀은 없고, 이보다 중요한 것은 통치자라면 국민의 이야기에 귀를 기울여야 한다는 것이다. 즉 듣는 것이 얼마나 중요한지를 설파하고 있다.

많은 사람들이 속내를 털어놓지 못하고 끙끙 앓다가 상담을 받으러 온다. 가족들에게도 하지 못할 말을 털어놓고 나면 홀가분

---

39 초등 2학년 1학기 '읽기' 교과서(1989), '임금님 귀는 당나귀 귀', 교육부

한 표정이다. 사람들은 고해성사를 하듯 마음속 이야기를 털어놓고 싶어 한다. 그리고 이를 들어주는 사람이 있을 때 심리적으로 안정을 찾는다. 상담 과정에서도 내담자는 자신의 이야기를 적극적으로 들어주는 상담자 앞에서 마음을 열고, 이는 치료에도 많은 도움이 된다.

경청은 단순히 '듣기'가 아니다

경청(listening)이란 상담자가 내담자의 말과 행동에 집중하는 것이다. 상대적으로 더 비중을 두어야 할 말과 행동을 선택하고 이에 주목함으로써, 내담자가 특정한 문제에 대해 탐색하도록 돕는 상담 기법이다. 상대방이 하는 말은 물론이고 표정, 제스처 등을 통해 숨은 감정이나 생각을 민감하게 알아차려야 한다. 그래서 경청을 단순히 듣는 것으로만 이해해서는 곤란하다. 한 귀로 듣고 한 귀로 흘려버리는 식으로 남의 이야기를 듣고 이해하는 정도로는 '경청'이라고 할 수 없다.

말하는 사람의 이야기가 적극적으로 무엇을 말하고자 하는지를 파악해야 한다. 상담자는 상담 내내 내담자의 이야기에 집중한다. 이때 상담자는 내담자와 시선을 맞추고 내담자 쪽으로 몸을 기울인다. 내담자가 말을 할 때 호응을 하면서 이야기를 편하게 꺼낼 수 있도록 격려한다. 이렇게 한 시간가량 누군가의 이야기에 집중해본 적이 있는가? 경청은 상담의 시작이며 끝이라고 할 수 있다.

예전에 상담을 받으러 오겠다던 초등 남학생이 있었다. 11세 정도의 아이였다. 자신이 말을 좀 더 잘 할 수 있으면 좋겠다면서 부모를 통해 상담을 의뢰했다. 사실 이 아이는 나이에 비해 상당히 성숙하고 지적 능력이 좋은 아이였기 때문에 상담을 진행하는 데 별로 어려움이 없었다.

생각해보면 또래보다 성숙하다는 것은 외롭다는 의미일 수도 있다. 누군가와 이야기를 하고 싶은데 그럴 만한 상대가 없다면 얼마나 답답하고 외로울까. 아이는 1년간 거의 한 회기도 쉬지 않고 상담을 받으러 왔다. 심지어는 감기 몸살인데도 상담을 온 적이 있었다.

아이의 엄마는 상담을 한 번 쉬자고 했다. 그러자 아이는 "거기 가면 초등학교 4학년짜리 이야기를 너무 진지하게 들어준다. 그래서 안 갈 수가 없다"라고 했다고 한다.

경청하지 않으면 앞으로 나아갈 수 없다. 내담자의 심리를 파악할 수도 없고 공감도 지지도 수용도 해줄 수가 없다. 상담이라는 과정이 가끔은 마술 같다. 생택쥐베리의 『어린 왕자』에 등장하는 조종사와 어린 왕자가 나이 차에도 불구하고 점점 동화되며 친구가 되어가듯, 상담 과정에서도 서로의 눈높이가 같아지면서 서로를 진정으로 이해하는 순간이 찾아오기 때문이다. 그러기 위해서는 경청을 잘해야 한다.

아이는 1년 정도 되어서 더 이상은 상담을 받지 않아도 될 것 같다고 했다. 이 정도면 충분했다. 그러면서 아이가 한 말이 지금도 생생하다.

"선생님, 선생님하고 저는 정말 좋은 팀이었죠?"

"맞아. 너는 나에게 아주 특별한 아이로 기억될 거야!"

이런 대화를 주고받고 우리는 헤어졌다. 생각해보면 이 아이가 내 인생에 있어서 마치 '어린 왕자' 같은 존재가 아니었나 싶다.

경청도 수준에 따라 방법이 다르다.[40] 효과적으로 경청하는 방법은 다음과 같다.

- 신체 언어 활용: 상대방 쪽으로 몸을 기울이고 눈을 맞추며 관심을 표현한다.
- 공감적 반응: "아, 그렇군요" "정말 힘들었겠어요"와 같은 반응을 보이며 상대방이 계속 이야기하게끔 유도한다.
- 주요 내용 요약: "그러니까 지금 상황이 이런 것이군요"라고 요약하여 상대방이 자신의 감정을 더 명확하게 정리할 수 있도록 돕는다.
- 존중과 수용: 경청을 통해 상대방이 존중받는다고 느끼게 해서 대화를 원활하게 한다.

---

[40] 박소진(2018), 『영화로 이해하는 심리상담』, 박영스토리

경청은 연애, 직장 생활, 상담 등 다양한 분야에서 중요한 역할을 한다. 상대방의 말을 주의 깊게 경청한다는 것은 '나는 당신을 이해하고 있다. 당신에게 관심이 있다'는 사실을 은연중에 알려주는 것과 같다. 경청은 단순히 듣는 것이 아니다. 상대방에게 집중하고 있음을 보여주기 위해 자세를 상대방 쪽으로 약간 기울이고 시선을 고정시킨다. 그렇다고 노려보지는 말아야 한다. 상대방이 말을 하면 '음' '아하!' 등의 반응을 보이거나 상대방의 말을 간단하게 요약한다. 또는 심중을 읽어준다. "지금 많이 힘들고 답답하겠군요"처럼 말이다. 자신이 존중받고 있다고 느끼고 편안한 상태가 되면, 처음에는 마음에 없다가도 상대방에게 관심을 갖는다.

자신을 이해해주고 존중해주는 사람에게 호감을 갖는 것은 지극히 당연한 일이다. 현란한 말솜씨보다는 겸손하고 신중하게 경청하는 자세가 중요하다. 그러다 보면 대화는 자연스럽게 이어진다. 말보다는 듣는 귀를 더 키우는 노력이 필요하다.

눈치가 빠르면
절에 가도 젓갈을 얻어먹는다

위기 대처 능력과 눈치의 연관성

회사에 출근했는데 분위기가 싸하다. 무슨 일이 있는 것 같은데 조용해도 너무 조용하다. 곧 무슨 일이 터질 것만 같은 느낌…. 폭풍전야 같다고 할까. 동료들과 시선을 맞추며 입모양으로 "무슨 일?"이라고 묻는다. 한 동료가 과장님 자리를 가리키며 손으로 화났다는 표시를 한다. 괜히 불똥이 튈 것 같아 몸을 낮추고 조용히 앉는다. 그런데 그다음으로 들어온 누군가가 "분위기 왜 이래? 뭔 일 있어?"라며 큰 소리로 말한다. 다들 눈짓으로 하지 말라고 주의를 주지만 개의치 않고 떠든다. 과장은 불편한 심기를 드러내며

방금 들어온 직원에게 "지금 몇 시야? 다들 10분 전에 출근해서 준비하고 있는데. 오전에 중요한 업무 있는 거 잊었어?"라고 한다. 혼이 난 직원은 이해할 수 없다는 표정이다. 물론 큰 잘못을 한 건 아니다. 눈치가 없는 것뿐이지.

'눈치가 빠르면 절에 가도 젓갈을 얻어먹는다'라는 옛말이 있다. 이 '눈치'라는 게 무엇일까? 눈치는 타인의 마음이나 일의 낌새를 알아차리는 능력이다. 단순히 분위기를 읽는 데 그치지 않고, 적절한 언어적·비언어적 대응으로 상황을 매끄럽게 처리할 수 있는 능력이다. 그래서 눈치가 빠르면 사회에서 성공하기 쉽다. 상대가 원하는 바를 잘 알아차리고 원하는 것을 제공함으로써 호감을 살 수 있기 때문이다. 다만 지나치면 눈치를 살피는 태도로만 보일 수 있다.

눈치를 엄청 살피지만 정작 눈치가 없는 사람들도 있다. 대인관계에서의 민감성이 올라가 있지만, 상대방의 마음을 알아차리는 능력은 부족하다. 이 때문에 스트레스는 받지만 늘 엉뚱하게 행동해서 빈축을 사거나 너무 눈치를 봐서 기가 죽어 보인다.

눈치를 전혀 보지 않는 것도 문제다. 공동체 생활에서는 눈치가 중요하다. 무더운 여름에 긴팔을 입고 와서는 에어컨을 세게 튼다든가 반대로 자기는 춥다고 에어컨을 꺼버린다든가.

강아지도 눈치를 본다. 주인이 화가 났다거나 하면 강아지는 눈동자를 살짝 아래로 내리깔면서 주인의 표정과 상황을 살핀다. 어쩌면 눈치는 살아남기 위해 타고난 본능인지도 모른다.

새로운 사무실로 이사를 앞두고 공사를 했다. 주말에 인테리어 업체 대표가 확인을 해달라고 해서 사무실 앞에 주차를 했다. '잠시 들렀다가 나와야겠다' 생각하고 이중주차를 하고는 건물로 들어갔다. 그런데 생각보다 시간이 꽤 흘러서야 일이 끝났다. 1시간 정도가 지나 주차장으로 오니, 한 무리의 사람들이 내 차 앞에 서 있는 것이었다. 차 근처로 다가가자 한 여성이 이 차의 주인이냐고 물었다. "맞다"고 대답하니 분노의 눈빛들이 쏟아졌다. 알고 보니 이중주차 때문에 1시간째 차를 못 빼서 기다렸다는 거다.

전화를 하지 그랬냐고 하자 마지막 한 자리가 안보여서 전화를 못 했다고 했다. 내 전화번호 마지막 자리는 '5'번이었다. 한숨이 나왔다. 0~5번까지 6번만 전화를 걸어보거나 주말이라 건물에 있는 사람이 없으니 문 연 사무실에 연락을 해보면 1시간씩 걸릴 일은 아니었다. 전화번호 끝자리가 안 보이게 둔 건 물론 내 실수였다. 그러나 주차장이 협소해서 건물 입주자만 주차할 수 있는데, 그들은 1층 식당에 방문한 사람들이었다.

거기서 시시비비를 가리려면 수적으로 내가 불리한 상황이었다. "죄송하다"는 말을 남기고 얼른 차에 탔다. 그리고 주차장을 나가면서 고개를 숙이고는 다시 한 번 "죄송합니다"라고 말하고 급히 빠져나왔다. 그 당시 내 손은 엄청 빠르게 핸들을 꺾고 있었다. 그때 동행했던 동생이 아무 말 없이 있다가 "휴" 하며 한숨을 내쉬었다. 나도 그제야 "맞아, 죽을 뻔했네"라고 했다. 그러자 동생이 이렇게 말했다. "언니, 아까 언니 눈빛이랑 표정이 엄청 살벌했어."

본능적으로 '여기서 밀리면 저들에게 머리채를 잡히거나 봉변을 당할지 모른다'라는 생각이 들었다. 나는 "죄송하다"라는 말을 하면서도 눈빛과 표정은 당당하게 보이려고 했다. 흥분하거나 겁먹은 모습을 보이면 긴장이 깨지면서 상대방의 공격 본능이 살아난다. 그러면 걷잡을 수 없는 상황이 펼쳐질 수도 있다.

동생이 그걸 어떻게 아냐고 물었다. 나는 그저 본능적으로 알았다고밖에 할 수 없었다. 말과 언어로 설명하기가 어렵다. 위기 대처 능력을 임기응변식 대처라고도 하고 비언어적인 상황 대처라고도 할 수 있다.

이중주차를 한 건 내 잘못이다. 일단 사과해야 한다는 것은 사회적 통념에 맞는 '언어적·인지적 판단'이다. 다만 당당함을 잃지 않고 불필요한 공격을 허용하지 않겠다는 태도는 비언어적인 대처다. 언어적인 것과 비언어적인 것이 잘 조화를 이루어야 상황에 맞는 대처를 할 수 있다.

주차장에서의 사례는 눈치가 위기 대처 능력과도 연결된다는 점, 그리고 임기응변식 대처의 효율성까지 보여준다. 긴박한 상황에서는 오래 고민할 시간이 없다.

몇 년 전에 친구한테서 교통사고가 났다는 연락을 받았다. 차가 급발진을 했는데 속도를 늦추려고 가로수를 들이받았다는 것이다. 그렇게 하지 않았다면 더 큰 사고가 났을 거라는 이야기를 들었다. 급박한 상황에서 순발력을 발휘한 것이다. 이런 상황에서는 '순발력'이 중요하지만, 그렇지 않은 상황에서는 생각하지 않고 먼저 행동을 하면 역효과를 일으킨다.

어떤 사람들은 순간을 모면하기 위해 금방 들킬 거짓말을 한다. 그 거짓말은 곧 들통이 나고 사람들에게 신뢰를 잃는다. '양치기 소년'의 예가 그렇다. 심사숙고는 거짓말을 했을 때 일어날 결과를 생각하고 어떻게 행동하는 것이 장기적으로 더 좋은 결과를 가져올지를 생각하는 것이다. 중요한 사안일수록 오래 생각해야 더 좋은 결과를 기대할 수 있다.

비언어적인 대처는 말뿐만 아니라 표정, 태도, 분위기 조정 능력이 위기 상황에서 긴장을 완화하는 데 중요한 역할을 한다. 눈치가 없는 사람들은 전체 상황에 대한 이해 능력이나 맥락 이해, 전후 사정, 원인과 결과, 분위기나 뉘앙스를 캐치하는 능력이 부족하다. 이들 중에서 눈치를 불필요하게 많이 살피지만 정작 필요한 눈치는 없는 경우가 종종 있다.

눈치, 자세히 알아보기

눈치는 인간관계를 원활하게 유지하고 갈등 상황을 최소화하며, 문제를 효과적으로 해결하게 한다. 다만 눈치를 과도하게 보거나 반대로 전혀 신경 쓰지 않으면 자신감이 없어 보이거나 주체적으로 행동하지 못하는 인상을 줄 수 있다. 눈치를 많이 보면 자기표현이 어렵다. 타인의 반응에 지나치게 민감해 스트레스를 받을 가능성도 있다.

눈치는 우리 사회에서 필수적인 능력이다. 이때 균형이 중요하다. 눈치 있는 사람은 보통 언어적·비언어적 대응의 균형을 잘 맞춘다.

- 언어적 대응: 적절한 사과나 대화로 상황을 진정시키는 것
- 비언어적 대응: 표정, 태도, 분위기 조성 등으로 상대방의 과도한 반응을 억제하거나 상황을 조율하는 것

다음은 눈치를 기르는 방법이다.

- 관찰력 키우기: 상대방의 말과 행동, 분위기를 세심하게 관찰하기
- 공감 능력 향상: 다른 사람의 입장에서 생각하고, 그들의 감정을 이해하려고 노력하기
- 다양한 경험: 여러 상황을 겪으며 대처 방식을 배우고 개선하기
- 대화 연습: 타인과의 대화에서 상대방의 말과 행동을 관찰하며 반응하기
- 피드백 받기: 자신의 행동에 대한 타인의 피드백을 통해 개선점 찾기
- 책임감 있는 행동: 타인에게 미치는 영향을 자주 되돌아보기

눈치는 경험과 학습을 통해 얼마든지 발전시킬 수 있는 능력이
다. 이를 기억하고 눈치를 길러보자.

눈치의 정의와 심리학적 접근

눈치는 심리학적으로 사회인지(social cognition), 사회적 지능(social
intelligence), 그리고 정서적 지능(emotional intelligence)과 밀접한 연관
이 있다.[41]

사회인지는 개인의 인간관계 및 사회생활과 적응의 기초가 되는 능력
이다. 사회적 상황 및 그 속에서의 대인관계를 통해 타인의 감정, 사
고 및 의도, 집단이나 조직에서의 관계 등과 같은 사회적 세계와 그에
관한 정보를 이해하고 기억하고 선택하고 판단하는 등의 인지적 과정
이다.

사회적 지능은 사회성과 밀접한 개념이다. 사회적 관계 또는 인간관
계에서 타인을 이해하고 동시에 그 관계 속에서 적절하게 대처하고
행동하는 능력이다. 사회인지와 사회적 지능은 인간관계에서 타인의
감정이나 행동을 이해하고 적절히 대처하는 능력을 말한다.

정서적 지능은 자신과 타인의 정서를 지각, 평가, 이해, 표현하고, 동
시에 자신과 타인의 정서를 효과적으로 조절하며 나아가 자신의 업무

---

[41] 양돈규(2017), 『심리학사전』, 박영사

나 대인관계와 같은 중요한 과제들을 성공적으로 진행하기 위해 정서를 적절하게 활용할 수 있는 능력이다.

문화적 차이에 따른 눈치의 역할

눈치는 우리 문화에서 특히 강조되는 개념이다. 서구권에서는 개인의 표현과 직설적인 의사소통을 중시하기 때문에 눈치와 같은 맥락 이해 능력이 덜 강조된다. 반면에 한국, 일본 등 동아시아 문화에서는 집단의 조화를 중시하기 때문에 눈치가 사회적 기술로서 중시된다.

언어와 비언어적 단서를
관찰하고 적용하라

언어적·비언어적 단서 관찰 기법

심리상담 및 치료에서 사용되는 언어적·비언어적 단서 관찰 기법은 내담자의 심리적 상태를 이해하는 데 중요한 도구다. 내담자와의 관계를 형성하고 그들의 내면 상태를 이해하며 상담 효과를 극대화하는 데 활용된다. 이 기법은 상담 상황에만 국한되지 않고 일상에서도 유용하게 활용될 수 있다.

상담 기법으로 활용되는 언어적·비언어적 단서의 주요 요소와 이를 일상에 적용하는 방법을 살펴보자. 내담자의 정확한 심리 상태를 파악하기 위해 인적사항, 과거력 등의 기본 정보가 필요하고 종합심리검사를 실시한다. 이외에 반드시 해야 하는 것이 내담자의 행동을 관찰하는 일이다.

자발적으로 내원한 경우가 아니라면, 방어적으로 자신의 상태를 위장할 수도 있다. 겉으로는 태연한 척할 수 있고 검사자의 질문에 예민하게 반응하기도 한다. 그래서 내담자의 말을 액면 그대로 받아들여서는 안 된다. 물론 여러 심리검사를 통해 내담자의 심리가 드러난다. 이때 그들의 행동을 면밀히 관찰한 후 검사 결과와 맞춰보는 것이 필요하다. 행동관찰을 통해 내담자의 상태를 추측해보고, 이를 뒷받침할 만한 객관적인 근거 자료를 얻을 수 있다.

예를 들어 우울한 사람은 대개 외모부터가 심상치 않다. 잠을 제대로 못 자서 부스스하고 머리와 옷차림은 금방 자다가 일어난 사람 같다. 얼굴은 무표정하고 눈동자는 멍하다. 검사자의 질문에 느리게 답하거나 단답형인 경우가 대부분이다. 에너지가 떨어져 있기 때문이다.

여성은 대부분 화장을 하지 않고, 가볍게 했다고 해도 색조 화장은 거의 하지 않는다. 머리를 감지 않은 경우도 많다. 불안한 사람이라면 검사자와 눈을 마주치려 하지 않고 손이나 다리를 떠는 경우가 많다. 검사할 때도 마치 누군가에게 쫓기듯이 급하게 행동하다가 오류를 범하기 십상이다.

관찰을 통해 내담자가 긴장했는지, 불안한지, 화가 났는지, 거부적인지 등의 정보를 획득한다. 더 나아가 관찰하기는 친밀감을 형성하고 협조적인 관계를 맺는 데 매우 중요하다. 이러한 기법은 일상생활을 하면서 타인의 생각이나 감정을 살피는 데도 무척 유용하다.

사람들은 보통 상대방이 위험한 사람인지 아닌지, 믿을 만한 사람인지 아닌지 등과 같은 정보를 거의 의식하지 않은 채로 처리한다. 여러 행동 단서들을 통해 상대방에게 어떻게 대처할지를 생각하는데, 여기에서 대처란 상대방과 대화할 때 두는 거리, 음성의 크기, 대화의 수준 등을 말한다.

상담이 지속되면서 내담자에 대한 인상은 수정되고 재평가된다. 이때 비언어적인 단서, 언어적 표현, 음성언어와 몸짓언어와의 관계 등을 모두 고려해야 한다. 실제 표현되는 말의 내용보다 비언어적 행위를 관찰하면서 단서를 많이 얻고 그에 대해 결론을 내리는 경우가 많다. 즉 의복, 차림새, 눈맞춤, 자세, 습관적 태도나 언행 등이 내담자에 대해 더 유용한 정보를 제공한다.

대개 표정, 키, 체중처럼 신체적으로 주목할 만한 측면들이 먼저 관찰된다. 의복이나 차림새는 내담자의 직업이나 자기 관리 상태 등에 대한 단서를 제공한다.

예를 들어 머리도 감지 않고 트레이닝복 차림으로 나타난 내담자라면 자기 관리에 거의 관심이 없음을 보여주는 것이다. 또한 우울, 약물 복용, 정신질환 때문에 자기 관리를 정상적으로 못했음을 의미할 때도 있다.

비언어적 단서 살펴보기

○ 눈맞춤

눈맞춤은 관계의 편안함이나 긴장감을 보여준다. 너무 잦은 눈맞춤은 통제나 위협을 암시할 수 있고, 적은 눈맞춤은 두려움이나 불안의 표현일 수 있다. 편안함과 긴장은 서로 영향을 미치기 때문에 한쪽이 긴장을 풀고 편안해지면 상대방도 편안해질 수 있다.

대화할 때 자연스럽고 적절하게 눈맞춤을 유지하는 게 좋다. 상대방이 시선을 피한다면 이를 존중하면서 "편하게 말씀하셔도 됩니다"라고 말해 신뢰감을 형성할 수 있다.

○ 표정

내면의 감정 상태를 알기 위해 상대방의 얼굴을 살핀다. 웃음, 찌푸림, 점잖은 듯한 얼굴, 멍한 시선 등 모두 각각의 의미가 있다. 많은 내담자가 표정을 통해서 내면 상태를 표현하지만, 그렇지 못하는 경우도 있다. 대부분의 경우 내담자는 다른 사람에게 수용될 만한 것만 표현하는데, 이렇게 표현을 통제하려는 노력 자체도 의미를 지닌다. 상대방의 표정을 관찰하고 변화가 있을 때 이를 언급할 수 있다. 예를 들어 "표정이 조금 안 좋아 보이네요. 무슨 일이 있었나요?"라는 질문은 상대방에게 자신의 감정을 표현하게끔 돕는다.

○ 눈물

눈물은 정서적으로 의미가 크다. 이는 문화, 성, 동기 등과 뗄수 없는 관계에 있다. 눈물을 흘리는 일은 성별 간에 차이가 매우 크다. 일반적으로 '여성은 울 수 있어도 남성은 울어서는 안 된다' 라고 생각한다. 그러나 여성도 회의 시간처럼 울어서는 안 되는 순간이 있다. 남성도 눈물을 보일 정도의 감수성은 가져야 한다고 생각한다.

대개 여성은 슬플 때가 아니라 화가 났을 때 우는 편이다. 이때는 표현되지 않은 분노에 대한 좌절감 때문이다. 남성은 오랜 세월 마음속에 품었던 것이 어루만져졌을 때 눈물을 흘린다. 어떤 남성은 여성이 눈물을 흘릴 때 무언의 압력을 받거나 죄책감을 느끼기 때문에 그런 상황을 별것 아닌 것으로 치부한다. 또한 많은 남성은 여성에 비해 사람들 앞에서 눈물 흘리는 것을 수치스럽게 여긴다. 반면에 그들이 함께 눈물을 흘릴 때는 커다란 위안과 수용을 경험하기도 한다.

사람은 울면서 위안을 얻는다. 눈물은 신호 이상의 기능, 즉 치유를 돕는다. 사람들이 눈물에 대한 개인적이고 사회적인 통념을 깨뜨릴 때 눈물이 가진 긍정적인 기능을 경험할 수 있다.

눈물은 '나를 좀 가만둬' '그건 너무 고통스러워' '그만해!' '도와줘' '슬퍼' 등 다양한 의미를 내포한다. 그리고 그 의미는 복합적이다.

○ 몸짓과 동작

외모, 표정, 행동, 몸짓, 호흡의 변화, 시선, 이 모든 것은 행위학의 범주다. 사람을 관찰할 때 눈과 입 등을 각각 분리해서 보는 일은 거의 없다. 오히려 전체적인 외양을 통합적으로 관찰한다.

우리는 어떤 사람이 몸을 앞뒤로 움직이거나, 머리카락으로 장난을 하거나, 시계를 보거나, 몸을 앞으로 기울인 채 응시하거나, 팔짱을 끼고 경멸하는 태도와 시선을 보낼 때 등등 그런 행동의 의미를 알아차린다. 예를 들어 대기실에서 이리저리 오가고 미간을 찌푸리며 의자 끄트머리에 앉는 등의 행동은 '나는 두려워요'라고 해석할 수 있다. 상대방의 긴장된 몸짓을 보았다면, "조금 긴장하신 것 같아요. 괜찮아요?"라고 물어보며 상대를 안심시킬 수 있다.

언어적 단서 관찰하기

비언어적 단서는 내담자를 이해하는 데 매우 중요한 실마리를 제공한다. 더불어 언어적 단서 역시 중요하다. 여기서 우리는 실제 이야기되는 내용보다 내담자가 말하는 방식 자체에 더욱 주의를 기울인다. 대개 상담자는 내담자가 하는 말의 의미를 더 깊고 포괄적으로 이해하고자 내담자의 말소리 크기, 억양, 속도, 유창성, 웃음, 잠시 말을 멈추는 시기와 길이, 침묵 등을 관찰한다.

○ 웃음

대개의 경우 웃음은 우스운 일이 있을 때 나온다. 그러나 무언가 긴장되고 불안하며 걱정거리를 숨길 때도 웃음이 사용된다. 따라서 언제, 어떻게 사람들이 웃는지 주목해야 한다. 우스운 일이 전혀 없는데도 상대가 웃는다면 그런 웃음은 내면의 불안을 암시할 수 있다.

일상에서는 누군가가 예상치 못한 순간에 웃었다면 그 이유를 탐구해볼 수도 있다. 예를 들어 "방금 웃으셨는데, 혹시 긴장되시나요?"와 같은 질문으로 상대의 감정을 이해하는 데 도움을 줄 수 있다.

○ 침묵

대부분의 사람들은 침묵을 불편해한다. 침묵에는 다음의 의미들이 있다.

- 생각하는 중이다.
- 감정에 압도되어 있다.
- 심중에 있는 말을 하고 싶지 않다.
- 상담자의 반응이 두렵다.
- 이야기가 누설될 것이 두렵다.
- 다른 사람의 신뢰를 저버리는 말을 해야 한다.
- 적당한 말을 찾지 못했다.

- 마음의 평정을 찾으려 한다.

표정, 눈의 초점, 몸짓, 사소한 동작 등은 침묵의 의미를 이해할 수 있는 단서가 된다. 상대방이 침묵할 때 이를 불편하게 여기기보다 기다리며 감정을 표현할 기회를 제공하는 게 좋다. "천천히 말씀해도 괜찮아요"와 같은 표현이 유용하다.

○ 언어적 표현과 비언어적 행동 사이의 불일치

언어적 표현과 비언어적 행동은 밀접하게 관련 있으며 때로는 상호보완적이다. "이제 갈 시간이에요"라고 하면서 자리에서 일어서는 행동이 그렇다.

화를 내지만 동시에 웃는 것은 불일치하는 경우다. 이는 양가감정을 드러내거나 내면의 갈등을 암시한다. 상대가 화가 난 상태라고 말하는데 웃는다면, "지금 웃으시는데 정말로 화가 났나요?"와 같은 방식으로 진심을 확인해볼 수 있다.

○ 동작의 조화와 상보성

비언어적 행동과 언어적 표현 간에 중요한 것은 동작의 조화다. 이는 모든 대화에서 상보적 행동을 의미한다. 이러한 현상은 유아가 자기를 돌보는 사람의 음성에 맞추어 리드미컬하게 움직이는 반응에서도 알 수 있다.

둘 사이에 동작이 자연스럽게 일치될 때 서로 안락하고 편안하며 관계는 자연스럽게 이어진다. 즉 한쪽이 움직이면 마치 함께 춤을 추듯이 상대방도 따라 반응한다. 반대로 한 사람은 눈을 맞추려고 하는데 다른 사람은 눈을 피하듯 다른 곳을 보고 있다면 두 사람 모두 불편해진다.

동작의 조화와 관련해서 중요한 것은 동작의 상보성이다. 대화할 때 상대편이 나와 유사한 행동을 보일 때 편안해진다는 뜻이다. 대체로 어떤 시점에서 상대방이 나와 같은 상보적인 반응을 하길 기대하는데, 기대했던 반응이 나오면 좋아한다. 그런데 그렇지 않으면 어색해진다. 상대방을 보고 웃었는데 상대방이 웃지 않는다면 얼마나 불편하겠는가.

대화할 때 서로의 동작과 언어가 조화를 이루는 것은 관계의 편안함을 나타낸다. 반대로 불일치가 발생하면 두 사람 모두 불편함을 느낄 수 있다. 상대방의 말투, 속도, 자세를 자연스럽게 따라하며 조화를 이루는 '미러링' 기법으로 관계를 강화할 수 있다.

언어적·비언어적 단서 관찰 기법은 심리상담 기술을 넘어 인간관계에서 공감과 신뢰를 형성하는 강력한 도구다. 이 기법들을 일상에서 연습하고 활용한다면, 타인의 감정을 이해하고 깊은 관계를 형성하는 데 많은 도움을 받을 수 있다.

번아웃과 나의 선택

2023년 여름, 나는 무작정 원주로 향했다. 이사갈 집을 찾던 중에 '전망이 좋다'라는 아주 단순한 이유로 연고도 없는 곳을 선택했다. 무모할 만큼 즉흥적인 결정이었다. 단 하루, 친구의 도움을 받아 살 집을 둘러보고 그날 바로 계약했다. 그러고는 이사를 했다.

왜 그런 결정을 내렸을까? 평소 엉뚱한 성격 탓도 있었지만, 주된 이유는 번아웃(burnout)이었다. 말 그대로 모든 것이 소진되어 아무것도 하고 싶지 않은 상태였다. 도시에서의 삶이 점점 버거워졌고 본능적으로 그곳을 벗어나야겠다는 생각이 들었다. 매일 반복되는 일상이 나를 짓누르고 있었다. 공기마저 무거워진 듯했다. 더 이상 아무것도 하고 싶지 않았고, 그저 멀리 떠나고만 싶었다.

살다 보면 누구든 번아웃을 경험할 수 있다. 그런데 지금 생각해보면 내 이름이 '소진'이라니! 어쩌면 운명일지도 모르겠다. 물론 이름의 본뜻은 다른 의미이지만, 모든 에너지가 다 빠져나간 것 같은 그 순간에는 그 이름이 특별하게 느껴졌다. 특히 사람을 직접 대면하는 일을 한다면 심리적 소진을 피하기 어려울 것이다. 나 또한 그러했다.

어느 순간, '왜 나한테 이렇게까지 하지?'라는 생각이 들었다. 그때부터 사람들과 함께 무언가를 한다는 것이 점점 버거워졌다. 심지어 가까운 사람들과의 만남조차 부담스러워졌다. 외딴곳에 가서 누구와도 접촉하지 않으며 살고 싶다는 욕구가 강렬하게 들끓었다. 내향적인 성향도 이런 결정을 부추겼다.

심리적 공간이 필요하다

도시에 사는 사람들은 원하든 원하지 않든 많은 사람들과 접촉하며 살아가야 한다. 출근길 지하철과 버스 안에서 낯선 사람들과 몸을 부딪치는 일은 일상이지만 유쾌하지 않은 경험이다. 힘들게 회사에 도착하면 동료들과 하루의 대부분을 보낸다.

'심리적 공간'이라는 게 있다. 사람들 간에는 적당한 간격과 각자의 공간이 필요하다. 그런데 집약적이고 밀집된 도시에서는 그런 간격이나 공간이 쉽게 무시된다. 우리에게는 심리적 공간이 필요하다.

인류학자 에드워드 홀(Edward Hall)은 한 인간과 타인 사이의 적절한 공간에 대해 연구했고, 이를 근접학(proxemics) 이론으로 정립했다. 그의 책『숨겨진 차원』에서 '활동영역성(territoriality)'이 등장한다. 이는 인간이 타인과의 물리적 거리가 무너졌을 때 발생하는 부정적 심리 경험을 설명한다.

현대 심리학에서는 이러한 '최적의 거리(optimal distance)'가 단순히 물리적 공간에 그치지 않고 심리적 차원에도 적용된다고 본다.[42] 밀집된 도시 환경은 개인의 심리적 공간을 침범하며 스트레스를 가중시킨다. 나는 매일같이 많은 사람과 부대끼며 살아가야 하는 도시에서 서서히 지쳐가고 있었다. 그러다 도망치듯 이사를 결심했다

〈나의 해방일지〉, 그리고 나

드라마 〈나의 해방일지〉 속 주인공 '미정'은 도시의 번잡함 속에서 점점 소진되어 간다. 그녀가 사는 '삼포'는 가상의 공간이지만, 서울 어딘가에 실제로 존재할 법하다. 미정은 매일 서울로 출퇴근하며 지루한 일상을 버틴다. 그런데 그녀를 가장 지치게 하는 것은 오랜 출퇴근 시간이 아니었다. 너무 많은 사람들과 부딪쳐야 한다

---

[42] 권수영(2012), 『한국인의 관계심리학』, 살림

는 사실이었다.

　그녀에게 인간관계는 노동과도 같았다. 그런 그녀 앞에, 또 다른 인물 '구 씨'가 등장한다. 구 씨는 "난 어떤 인간과도 함께 뭘 하고 싶지 않아!"라고 외치며 인간관계에서 오는 피로감을 드러낸다. 그는 갑작스럽게 삼포로 흘러들어온다. 그는 나와 닮아 있었다. 무엇인가에 홀린 듯 나 역시 원주로 갔다. 지친 내 모습과 구 씨의 모습이 겹쳐 보였다.

　이 드라마는 단순히 '현실도피'를 이야기하는 게 아니다. 미정과 구 씨는 서로를 이해하고 소통하면서 점차 회복되어 간다. 드라마는 이렇게 말하는 듯하다. '소통하지 못해서 생긴 고통은, 결국 소통을 통해서만 치유될 수 있다'라고.

삶은 계속된다

평화롭게 하루를 보내는 모모의 모습과 보지도 않는 TV를 들으면서 글을 쓰고 있는 지금 이 순간이 오래 지속되었으면…. 어렸을 적부터 꿈꾸었던 한 조각, 한 페이지가 완성된 듯해 기쁘다.

　이 책을 쓸 때만 해도 더위가 가시지 않은 여름이었다. 그런데 해가 지나고 겨울이 가고 있다. 얼마 전까지 원주에는 폭설이 내려 온 세상이 눈으로 뒤덮였는데, 햇살만큼은 눈이 부시게 따뜻했다. 그래서인가? 이상하게도 몸은 분주하게 움직이고 있다. 곧 봄이 온다는 징조다. 설레는 한편, 여름이 올 거라 생각하니 두려워진다. 그리고 또 가을을 기다리면서도 겨울이 올 것을 걱정한다. 그럼에도 삶은 전진한다.

나는 어쩌면 태생적으로 조금 다르게 세상을 바라보는 사람인지도 모른다. 어린 시절에는 그로 인해 비난과 질책을 많이 받았다고 생각했다. 그런데 지금 돌이켜보면 그것이 나를 성장하게 했다. 나를 알고 싶었기에 심리학을 공부했고, 이 길을 선택한 것은 필연이자 행운이었다.

과거의 나처럼, 방황하는 누군가에게 이 글이 작은 위로가 되기를 바란다. 그리고 지금까지 살아갈 수 있도록, 앞으로 나아갈 힘을 보태주신 모든 분들께 마음 깊이 감사드린다.

2025년 3월 봄을 맞이하며

박소진

(참고문헌 및 추천 도서)

시작하는 글

- 박태웅(2023), 『박태웅의 AI 강의』, 한빛비즈
- 〈매드타임스(MADTimes)〉, https://www.madtimes.org

PART 1 말(SPEECH)

말의 힘, 언어는 생각을 지배한다

- 김명희·이현경(2011), 『행동수정과 치료: 아동·청소년 행동치료 사례중심』, 교문사
- 김영한(2009), 『특수아동의 시각-운동기능 향상을 위한 자기교시훈련』, 태영 출판사
- 박소진(2017), 『당신이 알아야 할 인지행동치료의 모든 것』, 학지사
- 장휘숙(2013), 『전생애 발달심리학』, 박영사
- 로버트 시글러 외, 송길연 외 공역(2019), 『발달심리학』, 시그마프레스

내 말이 항상 옳을까? 진정한 자기주장의 의미

- 박소진(2017), 『당신이 알아야 할 인지행동치료의 모든 것』, 학지사
- 박소진(2023), 『사람의 마음을 읽는 법』, 믹스커피
- 정은영(2023), '고등학생의 사회적지지, 마인드셋, 그릿, 자기조절학습능력의 구조

적 관계: 일반학생과 영재학생 비교 중심으로', 공주대학교대학원 글로벌정책학과 박사논문
- 범기수·김은정·유가기·정혜진(2009), '자기주장성과 스피치 교육의 효과: 스피치 능력과 스피치 불안감을 중심으로', 한국소통학회
- 양돈규(2017), 『심리학사전』, 박영사

자존심일까, 방어일까? 실수를 인정하지 않는 사람들의 심리
- 양돈규(2017), 『심리학사전』, 박영사
- 스티븐 휴프리치, 신민섭 외 공역(2010), 『성격장애 로샤평가』, 학지사
- 안나 프로이트, 김건종 역(2015), 『자아와 방어 기제』, 열린책들

'예쁘다'라는 말은 칭찬일까? 비난과 칭찬의 심리적 효과
- 류석진·조현주(2017), '부적응적 자기초점주의와 반추가 사회불안과 우울에 미치는 영향', Korean Journal of Clinical Psychology
- 로널드 코머·조너선 코머, 오경자 외 공역(2024), 『이상심리학』, 시그마프레스

착한 사람이 항상 옳을까? 거절의 기술
- 홍솔지·최윤경(2017), '공감, 공정성, 도움행동의도 및 사회적 자기효능감이 사이버 괴롭힘 상황에서 주변인의 도움행동에 미치는 영향', 한국사회및성격심리학회
- Bandura A(1997), 『Self-Efficacy』, Worth Pub
- Paul Zak(2012), 『The Moral Molecule』, Bantam Press

우리는 왜 거짓을 말할까? 진실과 거짓
- 이장호·이동귀(2017), 『상담심리학』, 박영스토리
- 박선희(2024), 『유아의 마음이론과 그림책 세계』, 에피스테메
- 장휘숙(2016), 『전생애 발달심리학』, 박영사
- 필립 휴스턴 외, 박인균 역(2013), 『거짓말의 심리학』, 추수밭

자기를 함부로 대하라고? 자기비하적인 말
- 지그문트 프로이트, 김인순 역(2009), 『꿈의 해석』, 열린책들
- 지그문트 프로이트, 홍혜경 외 공역(2009), 『정신분석 강의』, 열린책들

- 안나 프로이트, 김건종 역(2015), 『자아와 방어 기제』, 열린책들
- 오수아 외(2024), 『마음을 읽고 쓰다』, 책과나무
- American Psychiatric Association, 권준수 외 공역(2015), 『정신질환의 진단 및 통계 편람』, 학지사
- 박영애·정옥분(1996), '부모의 양육행동과 아동의 자존감과의 관계 연구', 한국가정학회
- 박영애·정옥분(1996), '양육행동 및 형제관계와 아동의 자존감과의 관계 연구', 한국가정학회

솔직하다는 착각, 진솔하게 말하기
- 양돈규(2017), 『심리학사전』, 박영사
- Vygotsky, L, S(1986), 『Thought and Language』, MIT Press

티(T)라미숙해? 소통과 익살
- 박소진·이미정(2012), 『비극은 그의 혀끝에서 시작됐다』, 학지사
- 지그문트 프로이트, 박종대 역(2020), 『농담과 무의식의 관계』, 열린책들

PART2 언어(LANGUAGE)

언어는 우리의 무의식에 어떻게 작용하는가?
- 권석만(2023), 『이상심리학의 기초』, 학지사
- 이부영(2009), 『분석심리학 이야기』, 일조각
- 에드워드 애슈턴, 배지혜 역(2025), 『미키7』, 황금가지
- 홍숙기(2016), 『성격』, 박영스토리

읽기의 즐거움에 빠지다
- American Psychiatric Association, 권준수 외 공역(2015), 『정신질환의 진단 및 통계 편람』, 학지사
- 샐리 셰이위츠, 정재석 외 공역(2011), 『난독증의 진단과 치료』, 하나의학사
- 스타니슬라스 드앤, 이광오 역(2017), 『글 읽는 뇌』, 학지사

- 니콜라스 카, 최지향 역(2020), 『생각하지 않는 사람들』, 청림출판
- 앤드루 파이퍼, 김채원 역(2014), 『그곳에 책이 있었다』, 책읽는수요일
- 박세근(2021), 『독서와 난독증의 뇌과학』, 북랩
- EBS 〈당신의 문해력〉

영상언어, 그 한계와 효용

- 신혜선(2018), '알고리즘 기반 개인화 추천뉴스의 수용과 지속사용 의사에 영향을 미치는 요인에 관한 연구: 네이버 「나만의 에어스」를 중심으로', 서울과학기술대학교 IT 정책전문대학원 방송통신정책학과 석사논문
- 신유진·이상우(2021), '텍스트 마이닝 기법을 이용한 유튜브 추천 알고리즘의 필터버블 현상 분석', 한국콘텐츠학회
- 조진형·김규정(2022), '소셜미디어에서 에코챔버에 의한 필터버블 현상 개선 방안 연구', 한국콘텐츠학회
- 남윤곤·강나윤·김지민·백성준·김익수(2023), '크롬 익스텐션을 활용한 필터버블 현상 개선'
- 김선호·김위근(2019), '디지털 뉴스 리포트 2019 한국', 한국언론진흥재단-로이터 저널리즘연구소
- 닐슨 '월간토픽', 2019. 11. 26
- J-H. Cho, and K-J. Kim(2022), 'A study on the improvement of filter bubble phenomenon by echo chamber in social media', Journal of the Korea Contents Association, Vol. 22, No. 5, pp. 56-66
- J-H. Choi, and Y-H. Park(2022), 'Digital news report in korea 2022', Korea Press Foundation

사이코패스 경계령, 빠르게 손절하라?

- American Psychiatric Association, 권준수 외 공역(2015), 『정신질환의 진단 및 통계 편람』, 학지사
- 최혁재(2016), '반사회적 인격장애', 약학정보원
- 이윤호(2022), 『우리 속에 숨은 사이코패스』, 도도
- 앤서니 버지스, 박시영 역(2007), 『시계태엽 오렌지』, 민음사
- 이인영(2019), '뇌과학 영상기반의 사이코패스 연구와 형사정책적 과제', 형사정책

제31권 제3호(통권 제59호)

소셜미디어 시대, 우리는 무엇을 얻었는가?

- 앤드루 파이퍼, 김채원 역(2014), 『그곳에 책이 있었다』, 책읽는수요일
- 자밀 자키, 정지인 역(2021), 『공감은 지능이다』, 심심
- 피에르 자위, 이세진 역(2017), 『드러내지 않기』, 위고
- 비판사회학회(2014), 『사회학: 비판적 사회읽기』, 한울
- 박소진(2018), 『나는 자발적 방콕주의를 선택했다』, 마음숲

세상은 위험하다, 모든 사람을 믿을 수 없다

- 에린 그루웰, 김태훈 역(2014), 『프리덤 라이터스 다이어리』, 알에이치코리아
- 김영신(2008), '글쓰기 고백을 활용한 내적치유상담 프로그램 개발 및 효과검증', 한남대 석사논문
- 이찬숙(2011), 『긍정적 행동지원을 활용한 독서치료』, 양서원
- 박소진(2018), 『영화로 이해하는 심리상담』, 박영스토리

진정한 소통은 상대의 마음을 읽는 것이다

- Martin Doherty(2009), 『Theory of Mind』, Psychology Press
- 양돈규(2017), 『심리학사전』, 박영사
- 박선희(2024), 『유아의 마음이론과 그림책 세계』, 에피스테메
- 조숙환(2015), 『언어는 어떻게 소통되는가』, 소나무

PART 3 **의사소통(COMMUNICATION)**

말과 언어의 한계

- Albert Mehrabian(1971), 『silent message』, Wadsworth publishing
- 데이비드 암스트롱, 김영순 역(2001), 『몸짓과 언어본성』, 한국문화사
- 브루스 골드스타인·로라 카치아마너, 곽호완 외 공역(2015), 『감각 및 지각심리학』, 박학사
- 로버트 시글러 외, 송길영 외 공역(2019), 『발달심리학』, 시그마프레스

몸은 진실을 말한다

- 조숙환(2015), 『언어는 어떻게 소통되는가』, 소나무
- 로버트 치알디니·더글러스 켄릭·스티븐 뉴버그, 김아영 역(2020), 『사회심리학』, 웅진지식하우스
- 폴 에크만, 고원 역(2012), 『텔링 라이즈』, 한국경제신문
- Leon Festinger(1957), 『A Theory of Cognitive Dissonance』, Stanford Univ Pr
- 디르크 아일러트, 손희주 역(2024), 『감출 수 없는, 표정의 심리학』, 미래의창
- 한규석(2024), 『사회심리학의 이해』, 학지사

눈은 사람의 마음을 담는 창이다

- 앨런 피즈·바바라 피즈, 황혜숙 역(2012), 『당신은 이미 읽혔다』, 흐름출판
- 알프레스 아들러, 홍혜경 역(2016), 『아들러의 인간이해』, 을유문화사
- 신선인(2012), '신경언어프로그래밍(NLP)의 연구동향과 상담효과에 관한 메타분석', 상담학연구

무언의 대화, 스킨십이 전하는 감정

- 장 라플랑슈·장 베르트랑 퐁탈리스, 임진수 역(2024), 『정신분석 사전』, 열린책들
- 제레미 홈즈, 이경숙 역(2005), 『존 볼비와 애착이론』, 학지사
- 이현아(2022), '반려견과의 교감활동이 경도인지장애 노인의 우울과 스트레스에 미치는 영향', 인문사회21, 제13권 5호
- 강원국·이준철·김옥진(2022), '동물교감 집단활동이 초등학교 고학년 아동의 또래애착과 학교생활적응에 미치는 영향', 인문사회21, 제13권 5호
- 정재완(2016), '성인애착 및 자아분화와 결혼만족도의 관계: 성적, 정서적 친밀감의 매개효과', 한국심리유형학회
- John Bowlby(1969), 『Attachment and loss』, Basic Books

대화의 처음이자 마지막은 경청이다

- 이강엽(2017), '임금님 귀는 당나귀 귀', 우리말글학회
- 박소진(2018), 『영화로 이해하는 심리상담』, 박영스토리
- 초등 2학년 1학기 '읽기' 교과서(1989), '임금님 귀는 당나귀 귀', 교육부

눈치가 빠르면 절에 가도 젓갈을 얻어먹는다

- 한규석(2024), 『사회심리학의 이해』, 학지사
- Edward Hall(1973), 『The Silent Language』, Anchor Books

언어와 비언어적 단서를 관찰하고 적용하라

- 진 알브론다 히튼, 김창대 역(2006), 『상담 및 심리치료의 기본기법』, 학지사

마무리하는 글

- 권수영(2012), 『한국인의 관계심리학』, 살림

말의 심리

초판 1쇄 발행 2025년 6월 17일

지은이 | 박소진
펴낸곳 | 믹스커피
펴낸이 | 오운영
경영총괄 | 박종명
편집 | 최윤정 김형욱 이광민
디자인 | 윤지예 이영재
마케팅 | 문준영 이지은 박미애
디지털콘텐츠 | 안태정
등록번호 | 제2018-000146호.(2018년 1월 23일)
주소 | 04091 서울시 마포구 토정로 222 한국출판콘텐츠센터 319호(신수동)
전화 | (02)719-7735   팩스 | (02)719-7736
이메일 | onobooks2018@naver.com   블로그 | blog.naver.com/onobooks2018
값 | 19,000원
ISBN 979-11-7043-646-1 03180

SPEECH · LANGUAGE · COMMUNICATION ·

SPEECH·LANGUAGE·COMMUNICATION